불온한 것들의 미학

불온한 것들의 미학

서가
명강
13

포르노그래피에서 공포 영화까지,
예술 바깥에서의 도발적 사유

이해완 지음

서울대학교
미학과 교수

21세기북스

자연과학
自然科學, Natural Science

과학, 수학, 화학, 물리학,
생물학, 천문학, 공학, 의학

사회과학
社會科學, Social Science

경영학, 심리학, 법학, 정치학,
외교학, 경제학, 사회학

예술
藝術, Arts

음악, 미술, 무용

미학
美學, Aesthetics

인문학
人文學, Humanities

언어학, 역사학, 종교학,
문학, 고고학, 철학, 미학

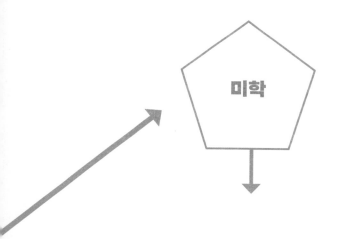

미학이란?
美學, Aesthetics

미와 예술을 철학적으로 탐구하는 학문으로, 궁극적으로는 인간의 가치와
삶의 의미를 성찰하고 문화와 세계를 조망하는 것을 목표로 한다. 예술적
감성의 자유로움과 철학적 사유의 엄밀함을 통해 이성과 감성의 조화를
추구하는 것이 이 학문의 가장 매력적인 특성이다. 미와 예술, 미적 가치의
본질을 사유하기 위해 철학적 방법론을 주로 사용하지만 역사, 심리학,
사회학적 방법론을 동원하기도 한다. 미학 사상과 이론을 탐구하고 미술,
음악, 연극, 무용, 영화, 사진 같은 예술 장르를 비평적으로 성찰한다.

이 책을 읽기 전에 주요 키워드

분석철학(analytic philosophy)

20세기 초부터 영미권의 주류로 자리 잡은 철학 연구 스타일이다. 형식 논리학과 언어 분석을 중심으로 태동했으며 개념에 대한 명료한 분석과 합리적 논증에 의한 증명 등을 지향한다.

메타(meta)

사전적 의미로는 어떤 것의 범위나 경계를 초월하거나 아우르는 것을 뜻한다. 철학에서 사용하는 성찰적이고 반성적인 사유의 방식으로, 예를 들어 '이것은 아름다운가'가 아닌 '아름다움이란 무엇인가'를 질문하는 것이다.

미적인 것(the aesthetics)

미학이 다루는 핵심적인 주제 중 하나로 무관심성의 개념과 함께 등장했다. 대상의 감각적 차원에 대한 인간의 독특한 반응과 관련된 영역으로, 전형적인 예는 '아름다움'이다. 참과 거짓, 옳고 그름의 판단과 구별되는 것으로서의 '미적' 판단, 실용적 태도와 구분되는 '미적' 태도, 대상을 있는 그대로 경험할 때의 '미적' 경험 등의 개념으로 활용된다. 흔히 예술작품이 갖는 비실용적인 고유한 가치를 '미적' 가치로 칭한다.

예술적 가치

일상적 용법이 아닌 전문 용어로서 예술적 가치란 작품을 작품으로 대할 때 발견할 수 있는 가치를 의미한다. 특히 예술품의 순수한 형식적 가치라고 할 미적 가치와 구별되는 예술 고유의 가치를 지칭하기 위해 동원된다. 당연히 예술이 가질 수 있는 여러 도구적인 가치와는 구별된다. 이를 인정하지 않는 학자도 있다.

재현(representation)

실제 대상이 아닌, 그것을 대신하는 것이 나타남을 의미한다. 텍스트나 기호로도 가능하므로 대상과 닮은 모사된 그림을 가리킬 때는 '회화적 재현'이라는 말을 써 구분하기도 한다. 회화적 재현은 모방과 유사하고 추상과 반대된다. 사유를 위해 머릿속에 떠오른 이미지나 기호도 같은 성격을 지니며 이때는 우리말로 '표상'이라 한다.

타입(type)과 토큰(token)

타입은 '유형'이며 토큰은 그 유형이 구체적인 개별자로 예시된 '사례'를 가리킨다. 예를 들어 '태극기'는 '성조기'와 구별되는 하나의 유형을 가리키는데, 거기에는 크기와 재질이 다른 수많은 실제 태극기의 토큰들이 포함되어 있다.

명제적/비명제적 지식

'한국의 수도는 서울이다'와 같은 참인 명제를 정당한 이유에 근거해서 믿고 있을 때, 우리는 그 명제의 내용을 안다고 한다. 이것이 명제적 지식이다. 반면 '자전거를 탈 줄 안다'거나 '실연의 아픔을 안다'와 같이 언어로 표현될 수는 없지만 '안다'고 할 수 있는 것들을 비명제적 지식이라 부를 수 있다.

패러독스(paradox)

역설. 일반적으로 두 개의 상반되는 요소가 포함되어 있어 이해하기 어렵거나 불가능해 보이는 상황, 진술을 말한다. 수사적 표현으로서의 역설이 아니라면 합리적인 해결책이 요청되며, 그 과정에서 문제의 본질에 대한 이해가 깊어질 수 있다.

차례

이 책을 읽기 전에   학문의 분류   4

주요 키워드   6

들어가는 글   미학, 예술 바깥을 보다   11

1부 위작, 가짜는 가라! 그런데 왜?
   ― 위작이 던지는 철학적 질문들

위작으로 미학 입문   21

패러독스와 딜레마   34

미적, 예술적, 독창적   54

굿맨과 단토, 다르게 푸는 역설   66

Q/A 묻고 답하기   83

2부 포르노그래피, 예술이 될 수는 없나?
   ― 도덕적 논쟁과 미학적 논쟁

논란이 있는 곳에는 철학이 필요하다   89

포르노그래피에 도덕적 잣대를 들이댄다면   105

포르노그래피와 예술   123

그래도 예술이 될 수 없는 이유   138

Q/A 묻고 답하기   162

3부 나쁜 농담, 이따위에 웃는 나도 쓰레기?
    ― 유머로 보는 예술의 도덕적 가치

철학으로 농담 분석하기   171

예술이 도덕적 문제를 가질 때   188

비도덕적 농담은 우습지도 않다?   209

농담의 윤리, 웃음의 윤리   228

Q/A 묻고 답하기   245

4부 공포 영화, 무서운 걸 왜 즐기지?
    ― 허구와 감정을 다루는 미학

있지도 않은 좀비가 왜 무서워?   253

감정 이론, '느낌'에도 해석이 필요하다   267

허구와 감정, 비합리성의 합리성   279

공포의 역설   292

Q/A 묻고 답하기   305

나가는 글 미와 예술을 조망하는 감성의 철학   310
참고문헌   312

"성적인 욕망, 뒤틀린 유머, 공포와 연민 같은 감정에도 지적 조망이 이루어져야 한다면, 나서서 그것을 맡을 학문은 미학일 것이다."

미학, 예술 바깥을 보다

음식을 재료와 조리법으로 설명하듯이, 학문은 그것이 관장하는 문제의 영역과 그 문제를 다루는 방법론으로 규정할 수 있다. 이러한 틀로 본다면 미학은 '미와 예술이라는 문제를 철학이라는 방법으로 다루는 학문'이라고 하겠다.

미와 예술의 철학적 문제란 무엇일까? 이에 대한 소개가 미학 입문이 될 텐데, 대개 사상사의 흐름을 따라가며 기본 개념과 주요 철학자들의 이론을 중심으로 전개된다. 그 과정에서 거론되는 예술작품이 있다면 이는 예술사에 한 획을 그은 주요 작품들일 것이다. 정공법에서는 흔히 그렇게 한다. 하지만 이 책에서는 그렇게 하지 않으려 한다. 그러한 표준적인 방식에 문제가 있거나 특별히 반대해야 할 이유가 있어서는 아니다. 다만 이 책이 선택한 논의의 소재들이 친숙한 미학 이론으로 다뤄본 적이 거의 없는 예술계 변방의 문제들이어서 그런 것일 뿐이다.

여기서 다루려는 것은 위작, 포르노그래피, 농담(그중에서도 도덕적 문제가 있는 질 나쁜 농담), 그리고 괴물이 등장하는 영화로 대표되는 B급 장르의 대중예술인 공포물이다. 이런 것들에 대해 내가 공부해온 철학의 방식으로 할 수 있는 이야기들을 해보고자 한다.

이것들을 묶어 부를 수 있는 이름으로 출판사는 '불온한 것들'을 제안했다. 애초의 의도는 아니었지만, 그렇게 볼 여지도 있어 고집부리지 않기로 했다. '짐짓 삐딱한 척하기'의 혐의가 보인다면 애교로 넘어가주길 희망한다.

이 책은 이들 '불온한 것들'의 사회문화적 함의에 관한 이야기는 아니다. '변방은 없다', '누가 B급을 말하는가'와 같은 구호를 걸고 전통적으로 주변부로 여겨지던 것들에게도 이제는 지위를 부여하자는 '문화 정치적'인 주장을 하려는 것도 아니다. 굳이 이야기하자면, 오히려 이들을 유별난 것으로 취급해 그들만의 미학이 있다는 듯이 호들갑 떠는 것을 경계하자는 쪽에 더 가깝다.

따라서 이 책에서 보게 될 논의의 배경에는 미와 예술, 감성 등에 관해 정통적인 미학이 제기하는 일반적 질문들이 그대로 깔려 있다. 그들 중 몇몇을 포르노그래피나 공포영화 같은 변방에 놓인 것들에게도 적용해보자는 것이다. 물론 경계에 있는 것들이기 때문에 짚고 넘어가야 할 특별한 질문들도 있다. 그리고 바로 그러한 특수한 사정에 비추어볼 때 더욱 논쟁적으로 대두되는 미학의 문제들도 있다. 이런 식으로 일반적인 문제와 특수한 상황들이 조응하는 과정을 통해 결국 미학적 주제들이란 어떤 것이고 어떻게 다루어질 수 있는지를 보여주고자 하는 것이 이 책의 목적이다. 체계적으로 물고 늘어지기보다는 가볍게 외곽을 돌며 잽을 날리는 아웃복싱 스타일이라고 해야 할까. 나비처럼 날다가 벌처럼 쏜다고 해야 할까. 그러나 내공이 깊지 않은 탓에 깊이 쏘지는 못할 듯하다.

하지만 왜 예술과 관련된 이야기를 이런 것들을 통해 들어야 하는지가 탐탁지 않을 수도 있다. "에로틱한 예술을 다루겠다고 해도 눈살을 찌푸릴 판인데, 포르노그래피라니", "우스우면 웃으면 되지, 농담을 이리저리 따지고 분석할 필요가 있나?" 같은 생각을 할 수도 있다. 그렇더라도 조금 따져보는 일도 나쁠 것은 없다.

예를 들어 "예술의 가치는 어떤 기준으로 평가되나요?"라는 질문에 쉽게 답할 사람은 많지 않을 것이다. 하지만 "원본과 구별되지 않는 위작이라면 원본과 같은 가치를 갖는다고 봐도 될까요?"라는 질문에는 비교적 자신 있게 "아니요"라고 대답할 사람이 많을 것이다. 아닌 이유는 무엇인가? 그 이유는 타당한가? 첫 번째 질문에 대한 답을 건드리지 않고 두 번째 질문에 대한 답이 맞는지 알 수 있을까? 이런 경우에야 비로소 우리는 예술의 가치를 어디에 두어왔는지를 생각해보게 된다.

"포르노그래피는 윤리적으로 문제가 많아 규제해야 한다는데, 딱히 문제가 뭐죠? 아니, 그 이전에 포르노그래피가 뭐죠?" 당연히 아는 것 같은 현상도 따져나가다 보면 새로운 시각을 갖게 된다. 이 책에는 역설이나 퍼즐 같은 것들이 자주 언급되는데, 이는 바로 친숙해 보이는 것에 전제된 상식과 선입견이 과연 그러한지를 점검해보기 위해서다.

미와 예술의 문제를 따져보는 미학은 철학적 방법론의 차이에 따라 완전히 다른 모습을 보일 수 있다. 내가 연구하는 미학의 방법은 분석미학이라 불리는데, 주어진 문제를 영미 분석철학의 태도와 방식으로 다룬다. 그것이 어떤 태도와 방식인지 짧게 설명하기는 쉽지 않다. 다만 과학으로는 다 밝혀낼 수 없는 특별한 정신적 세계나 초월적 진리의 존재를 철학이 성립하기 위한 전제로 삼는 그런 철학은 아니라고 말할 수 있다. 대신 우리가 최대한 명료하게 생각할 수 있도록 해주는 것이 철학이 해야 할 일이라는 견해를 가진 그런 철학이다. 따라서 다루는 주제가 무엇이건 관련된 개념들을 명료하게 분석하고 물려받은 관련 이론들을 비판적으로 점검하는 것이 철학의 역할이 될 것이다. 독단적 신념의 표출이 아닌 합리적 논증으로 증명하고, 전문 용어가 아닌 일상 언어로도 납득할 수 있는 설명을 지향한다.

이러한 방법론으로 분석미학은 미와 예술에 관련된 전통적 주제들, 예를 들어 예술의 본질과 정의, 예술작품의 존재론, 표현과 재현, 의미의 해석, 그리고 가장 까다로운 미적·예술적 가치의 문제에 관해서도 적절한 문제 제기와 합리적 논의를 이끌어가고 있다고 자평한다. 그러한 논의의 사례들을 이 책에서 조금 맛볼 수 있기를 바란다.

합리적인 논의에 참여하는 일은 비판하고 비판받고 설득해야 하는 일이므로, 매력적인 통찰에 감동해 일사천리로 세계를 재단해가는 작업에 비해 더디고 품이 많이 든다. 가뜩이나 인기 없는 일에 정치적 편 가르기나 문화적 허영 같은 것까지 앞 순위를 차지하면 합리적 논의가 설 자리는 점점 더 사라진다. 하지만 바로 그러한 이유로 우리에게 지금 더 필요한 것이 아닌가 싶다. 유행이나 필요에 따라 썼다 버렸다 할 수 있는 것이 합리성이 아니라면 "아무거나 믿지 말고 잘 좀 따져보자"고 다독이는 분석철학적 공부 스타일은 삶에서도 학문에서도 제법 도움이 된다.

그런 의미에서 분석미학의 논의들은 상식의 이름으로 우상을 파괴하는 성격이 있다. 미시적 문제들 속에서 가끔 방향을 잃기도 하고 '한 방'이 없는 전개가 답답한 경우도 있겠지만, 특정 이념에 박제되는 일 없이 언제나 진행형인 것도 분석미학의 특징이다. 이들이 제공하는 분석과 논증의 소소한 재미가 이 책을 통해 전해졌으면 한다.

'서가명강' 네 번의 강의만으로는 책으로 만들었을 때 빈 곳이 적지 않아 그동안 발표했던 논문들을 동원해 구조와 내용을 보강했다. 나의 논문들이 각각 어디에 활용되었는지는 뒷부분에 밝혀놓았다. 각주는 없지만 본문에 언급된 학자들의 주장을 직접 확인하고 더 공부하길 원하는 독자들을 위해 관련 저술과 참고문헌을 밝혀두었다.

작년 9월, 아직은 더웠고 어느 날은 비도 왔지만 마다치 않고 강의에 찾아와준 많은 '서가명강' 수강생 여러분께 감사드린다. 그중에는 예고 없이 등장해 미소를 선사한 나의 조카도 있었다.

강연과 출판을 기획하고 인내심을 발휘해준 '21세기북스'에도 감사드린다. 덕분에 예쁜 책이 나오게 되었다.

'대중예술의 이해', '예술과 가치', '미학 원론', '현대 영미 미학' 등의 수업을 나와 함께했던 학생들에게도 이 기회에 고마움을 표한다. 그들과 강의실에서 나눈 이야기들이 이 책 어딘가에 담겨 있을지도 모른다. 더딘 데다 꾀도 부리는 사람의 공부가 그동안 다만 얼마라도 늘었다면, 그것은 모두 어설픈 수업을 용서하지 않은 우리 학생들 덕분이다.

늘 응원해주는 아내와 두 딸, 어머님 그리고 이제는 인사를 들으실 수 없는 아버님. 고맙고 또 고맙다. 다 그 사랑 덕분이다.

2020년 10월
이해완

1부

위작,
가짜는 가라!
그런데 왜?

― 위작이
던지는
철학적
질문들

위작은 언제나 원본만 못한 그림인가? 진품과 위조품 혹은 원본과 복사본 사이에 어떤 관계가 있는지 살펴보고, 예술의 본질과 미적 가치의 영역에서 위작이 던지는 철학적 질문의 답을 찾아보자. 분명 '가짜 그림'이 미와 예술에 대해 우리에게 무언가를 말해줄 것이다.

위작으로 미학 입문

미학, '가짜 그림'에 예술을 묻다

'위작'에 대해 제기할 철학적 질문들을 다루려면 단편적으로나마 '입문'의 구실을 할 미학의 기본 주제에 대한 논의가 필요하다. 예를 들어 진품과 위조품 혹은 원본과 복사본 간의 관계를 생각해보자.

예술작품을 위조한 결과물은 결코 예술작품일 수 없다는 게 상식이라고 믿는 사람들이 있다. 하지만 "왜 꼭 그래야 하느냐?"고 물을 수도 있다. 위조된 '천경자'풍의 그림이라도 그림이기는 할 테니 말이다. 만일 '그림'이라는 같은 조건을 가지고 있음에도 위조품은 예술작품이 아니라는 게 상식이라면, 과연 어떤 조건이 부족해서 예술작품이 될 수 없다는 것일까?

이에 답하기 위해서는 '예술이란 무엇인가?'라는 질문, 우리를 당혹하게 하는 현대의 '예술작품'들 앞에서 심심찮게 떠올려보지만 여전히 속 시원한 답변을 들은 적이 있었던가 싶은 그 질문에 대한 답을 생각해보아야 한다. '예술이란 무엇인가?'는 미와 예술의 본질을 탐구하는 미학의 핵심 질문 중 하나다. 이를 건드리지 않고는 우리가 왜 위작을 당연히 예술이 아닌 것으로 생각해야 하는지에 대한 궁금증을 해소하지 못할 것이다.

다른 이는 "위조된 그림을 아예 예술품조차 아니라고 치부하는 건 아니지만 어찌되었건 그것이 진품보다 예술적 가치가 떨어지는 건 당연한 것 아닌가요?"라는 식으로 또 다른 상식을 거론한다. 이를 위해서는 예술작품의 가치란 무엇이고, 그것이 어떻게 평가되는지에 관한 우리의 믿음이 전제되어야 한다. 하지만 이 주제 역시 미학에서는 '시조새'에 속할 만큼 오랜 뿌리를 갖는 전통적인 문제다.

예술의 가치에 대한 전제는 위의 상식과는 정반대의 주장을 하려는 사람에게도 마찬가지로 꼭 필요하다. "그동안 당신의 눈을 속여온 썩 잘된 위조품이라면, 진품과 어떤 예술적 가치 차이가 있다는 거야? 그저 진품 작가의 이름 값에 붙는 금전적 가치 차이겠지. 속물들의 사후약방문일 뿐이야." 다소 과격한 이러한 주장이 일견 상식의 뒤통수를 치는 '불편한 진실'처럼 느껴진다면, 이를 주장하는 사람이나 반대하는 사람 모두 예술작품의 가치가 무엇에 달려 있는가를 더더욱 분명하게 밝혀야 한다. 이러한 이유로 예술의 본질과 미적·예술적 가치의 본질을 다뤄야 하는 미학이나 예술철학 수업을 시작할 때 위작은 좋은 출발점을 제공한다.

그렇다고 여기서 이야기하려는 것이 결국 예술의 본질이나 가치에 대한 논의이고, 위작은 호객만 한 뒤 바로 퇴장하려는 계획은 아니다. 어찌되었건 우리가 하려는 논의의 구심점은 위작이다. 하지만 그것을 미술사적 사건이나 법적 문제가 아닌 미학의 시각으로 바라볼 경우라면 어쩔 수 없이 미학의 기본 질문들에 대한 답을 검토하면서 논의를 전개시킬 수밖에 없을 것이다.

위작이 궁금한데 예술의 본질부터 생각해보자는 식의 접근이, 쉬운 이야기를 작정하고 어렵게 하겠다는 현학적 곤댓짓이 아닌가 싶어 불편한 분들이 있을지도 모르겠다.

하지만 오해는 없기 바란다. 위작에 대한 미학적 논의가 예술의 본질과 가치 일반에 대한 논의를 수반할 수밖에 없는 것은, 미학이 그 방법론에 있어서 철학적 방법을 택하고 있는 학문이기에 그렇다.

연탄 광에서 검은 고양이 찾기

철학적 방법론이 무엇인지 한마디로 설명하기 쉽지 않은 이유는, 철학이 자신의 주된 문제 영역으로 설정해놓은 부분이 특별하기 때문이다. 철학은 기존에 확립된 어느 특정한 방법론, 예컨대 인류 역사에서 자연과학이 확립해온 경험적 방법론 등이 바로 적용되기 어려운 (혹은 아직은 어려운) 영역을 자신의 문제 영역으로 삼는다. 물론 철학의 문제 영역이 한정되어 있는 것은 아니다.

사실 철학은 모든 것을 문제 삼을 수 있다. 다만 무엇이 되었건 그 대상을 철학적으로 들여다본다면, 이는 그 대상의 개념과 본질을 반성적, 비판적, '메타meta'적으로 사유한다는 의미를 포함한다. 그래서 심리철학은 심리학과는 다른 차원에서 우리의 마음과 의식의 본질에 대해 질문하고, 과학철학은 과학적 방법에 의존하지 않으면서 과학 그 자체가 무엇인지를 묻는다. 이렇게 해서 수리철학, 사회철학, 정치철학, 교육철학, 언어철학, 예술철학이 구성된다.

이러한 의미에서라면 전 지구적 'BTS 신드롬'에 대한 사회과학적 분석이 있는 만큼 그에 대한 철학적 분석도 가능할 것이다(일부 철학자들의 냉소에도 불구하고 이미 시도된 바 있다). 그리고 바로 그러한 의미에서 사랑에 관한 철학, 죽음에 관한 철학은 물론, '록 음악에 관한 철학'이나 '스포츠에 관한 철학', '농담에 관한 철학', '공포물에 관한 철학', 심지어 '포르노그래피에 관한 철학'도 가능하다. 물론 전통적인 철학자 대다수는 존재, 진리, 인간, 인식, 마음, 도덕, 정의, 자유 같은 주제들을 대상으로 그러한 반성적, 비판적, 메타적 사유를 펼쳐왔다. 앞으로도 그러고 싶을 것이다.

철학이 무엇인지에 관해 구전되어오는 농담 중에 "철학이란 달 없는 그믐밤에 연탄 광에 들어가 검은 고양이를 바라보는 것"이라는 말이 있다. 이 말이 농담인 이유는 이어지는 비교들 때문일 텐데, 그 내용에 따르면 "형이상학이란 달 없는 그믐밤에 연탄 광에 들어가 거기 없는 검은 고양이를 바라보는 것"이고, "신학이란 달 없는 그믐밤에 연탄 광에 들어가 거기 없는 검은 고양이를 바라보다가 '찾았다!'를 외치는 것"이라고 한다.

철학이건 형이상학이건 간에 달도 없는 그믐밤에 연탄 광에 들어가 검은 고양이를 바라볼 때의 가장 큰 문제는 잘 보이지 않는다는 점일 것이다. 심지어 고양이가 있다는 확신조차 들지 않을 수도 있다. 우리는 눈을 껌벅이고 미간을 찡그리며 무언가가 있을 것 같은 방향을 뚫어지게 바라보거나, 손을 뻗어 더듬어보는 정도를 할 수 있을 뿐이다. 철학적 문제의 성격이 이러하다.

만일 과학이 플래시 라이트를 켜 한 줄기 빛을 비춰준다면 그 불빛 아래에서 편하고 정확하게 고양이를 찾고 싶지 않은 사람이 어디 있겠는가? 그러나 삶의 어떤 문제들, 어떤 영역들은 그러한 탐색 방식을 적용하기 어렵다는 사실을 인정할 수밖에 없다. 예를 들어 '정의란 무엇인가?', '무엇이 가치 있는 삶인가?', '인간답게 사는 것이 어떻게 사는 것인가?' 같은 질문들은 인류 문화와 함께해왔지만, 관찰과 실험을 통한 정보의 축적만으로 찾아질 수 없는 것으로 잘 알려져 있다. 이러한 것들이야말로 연탄 광 속에 꼭꼭 숨은 "찐" 검은 고양이들이다.

의학적 지식을 가진 덕분에 의사는 수많은 생명을 구할

수 있다. 비할 바 없는 보람으로 그 일을 하는 유능한 의사는 그 일을 더 잘하기 위해 실험과 경험을 통해 더 풍부한 지식을 축적하려 할 테고, 이는 그를 더 훌륭한 의사로 만들어줄 수 있다. 그러나 이 모범적인 의사가 어느 날 갑자기 "도대체 인간의 삶에 어떤 가치가 있기에 내가 이러한 수고를 마다치 않아야 하는가?"를 묻는다면, 과연 이 질문에 답하기 위한 어떤 실험과 관찰을 제안할 수 있을까? 이러한 질문과 씨름하게 된다면 그는 잘 보이지 않는 검은 고양이를 응시할 수밖에 없는 상황이며, 원하든 아니든 철학을 하는 셈이 된다.

미와 예술도 만만치 않은 검은 고양이들이다. 문화의 힘이 중시되고, 상상력과 창조성, 인간의 감성 능력에 대한 주목이 이루어지자 그동안 삶의 여분이나 장식품, 아니면 그저 도구적 효용성의 영역에 머문다고 보았던 미와 예술은 점차 인간다움의 정수, '완성형 인간'의 필수 요소로 여겨지게 되었고, 그에 따라 인간 이해의 핵심으로 그 지위가 옮겨가는 듯하다. 미학은 그것들에 대한 철학적 사유다. 자, 이제 그럼 '가짜 그림'이 이러한 미와 예술에 대해 무엇을 말해줄 수 있는지 알아보기로 하자.

뒤에서 음악의 위조에 대해 간략히 살펴보겠지만, 우선은 위작을 전형적으로 조형예술, 더 흔하게는 회화에서 일어나는 것으로 한정해보자. 위작의 특징은 무엇인가? 작품 탄생의 역사가 잘못 제시되었다는 예술적 혹은 예술사적 측면과 그 잘못이 속이려는 의도와 관련이 있다는 윤리적인 측면, 이 두 가지가 핵심이다. 따라서 단순한 복사본은 속이려는 의도의 개입이 없다면 위작과는 구분될 수 있다. 물론 작품의 기원이 잘못 제시되었다는 점에 주목한다면 위작에 대한 논의를 복제에 관한 논의로 자연스럽게 확장할 수는 있다.

예를 들어 유명 작품의 훼손을 막기 위해 미술관이 제작하는 모작 같은 경우, 이는 현대 복사 기술의 발전으로 새롭게 나타난 '완벽한 복제'의 문제와 같은 종류로 다룰 수 있다. 이러한 경우 속이려는 의도는 사실상 부수적인 것이고, '지각적으로 식별 불가능한 두 개 이상의 작품'이 철학적으로 주목할 지점일 것이다. 리메이크작인 〈토머스 크라운 어페어〉(1999)를 비롯해 〈갬빗〉(2012), 〈아트 오브 더 스틸〉(2013), 〈더 포저〉(2014) 같이 위조를 다룬 영화에 단골로 등장하는 소재인 '그림 바꿔치기'에 해당하는 위조가 이러한 유형이다. 앞으로 살펴보게 될 넬슨 굿맨Nelson Goodman이나 아서 단토Arthur Danto의 논의에 등장하는 위조의 경우도 이러한 종류를 염두에 둔 것이다.

하지만 현실에서의 위작은 한 작가의 양식적 특징들을 모방한 새로운 작품인 경우가 대부분이다. 논란이 되었던 천경자 화가의 〈미인도〉를 위작으로 보는 측도 이것이 네 개 이상의 진품에서 따온 부분들로 짜깁기된 작품이라고 주장한다. 이 경우에는 위작 여부를 결정하는 필수 요소가 '속이려는 의도가 있었는가'일 것이다. 즉 다른 작가의 작품인 양 행세하지만 않았다면 이것은 '천경자풍'으로 그려진 패스티시pastiche 작품으로 여겨질 수도 있었을 것이다. 역사적으로 가장 유명한 위작 사건으로 불리는 판 메이헤런의 페르메이르 위조도 이러한 양식적 위조에 해당한다.

1930년대 당시 무명의 화가였던 한 판 메이헤런Han van Meegeren은, 17세기 네덜란드 회화의 대가이자 〈진주 귀걸이를 한 소녀〉로 유명한 요하네스 페르메이르Johannes Vermeer의 작품을 위조했다. 페르메이르의 진품들은 특유의 구도와 빛의 효과가 탁월하며, 세부 묘사가 실제 대상인 것 같은 착각을 불러일으킬 정도로 정교하다. 판 메이헤런은 페르메이르의 이 뛰어난 작품들을 위조하기 위해 여러 습작을 거친 뒤 위작을 만들어냈다. 그중 가장 걸작이라고 알려진 작품이 1936년에 제작된 〈사도들〉 혹은 〈엠마오 집에서의 저녁 식사〉로 불리는 작품이다. 이 작품은 오랫동안 페르메이르의 주요 작품 중 하나로 간주되어 네덜란드 국립미술관에 소장되어 있었다.

판 메이헤런의 위작 사건이 유명한 이유는 흥미로운 뒷이야기가 많기 때문이다. 그는 철저한 조사와 실험을 통해 위작을 제작했다. 17세기에 사용된 것으로 알려진 안료를 17세기의 제작 방식으로 직접 만들어 사용했다. 또한 17세기 무명 화가의 그림을 사서 그 캔버스 위에 그림을 그렸다. 캔버스나 안료에 대한 성분 분석 시 그림의 제작 시기 이후에 나온 안료가 사용되었다고 하면 위작 판정에 결정적인 증거가 될 것이므로 그에 대비하기 위한 계산이었다.

국내 위조범들도 위작 제작에 필요한 해당 연도에 생산된 종이를 구하기 위해 출간연도를 정확히 확인할 수 있는 책들, 가령 1940년대에 출간된 일본 서적들을 구해 그중 인쇄가 안 된 페이지를 잘라 이중섭 위작 제작에 사용하기도

판 메이헤런의 페르메이르 위작 〈엠마오 집에서의 저녁 식사〉

했다고 한다. 판 메이헤런은 특수 제작한 오븐으로 자신의
그림 표면을 구워 300년 된 유화 물감의 재질을 구현했고,
실린더를 이용해 세월에 의해 생겨나는 균열crack을 만들었
으며, 잉크를 이용해 세월의 먼지까지도 위조했다. 이 정도
면 의지와 능력을 갖춘 탁월한 사기꾼이 아닐 수 없다.

그는 나중에 자신이 위작을 제작한 동기에 대해, 가치를 평가하기 어려운 현대 추상회화에 대한 반감과 이를 높이 평가하는 당대 평론가들의 감식안 부족을 고발하기 위해서였다고 둘러댔다. 이러한 의도를 확인할 만한 증거는 발견되지 않았지만, 뒤에서 이야기할 소위 '판 메이헤런이 제시한 딜레마'가 평론가들을 적잖이 당황스럽게 한 것만은 사실이었으리라.

그러나 그의 사기극을 지나치게 과장하거나 영웅시할 필요는 없다. 판 메이헤런 입장에서의 성공, 평론가 입장에서의 오판이 가능했던 이유 중 하나는 충분한 검증이 이루어질 수 없었던 당시 유럽의 시대적 상황 때문이었다. 애초부터 〈엠마오 집에서의 저녁 식사〉의 위작 가능성을 제기한 전문가들도 있었지만, 제2차 세계대전 당시 유럽에서는 미술 전문가들의 이동이 자유롭지 못했고, 또한 전시에 자국의 문화재를 보호하려는 네덜란드가 작품을 쉽게 공개하지도 않았던 것이다.

그 뒤로도 판 메이헤런은 페르메이르 위작 종교화를 여러 작 그렸으나 위작으로서의 정교함은 점차 떨어진 것으로 보인다. 그중 하나인 〈간음한 여인과 그리스도〉는 나치의 장군 괴링이 점령지의 문화재들을 수탈할 때 거기에 포함되어 있었다. 제2차 세계대전이 끝나고 나치에게 협력한 이들의 조사가 진행되면서 이 일로 인해 판 메이헤런도 국보급 작가 작품의 해외 유출과 관련된 부역 혐의에서 비껴갈 수 없었다. 고심하던 판 메이헤런은 결국 그 국보급 문화재가 자신의 위작임을 실토했다.

전문가들은 문제가 된 작품들이 위작일 리 없으며 판 메이헤런이 부역죄를 피하려고 거짓말을 한다고 주장했다. 논란 속에서 재판이 진행되었고, 결국 과학적 분석 결과에 따라 작품들은 위작으로 밝혀졌다. 제시된 증거 중 하나는 판 메이헤런이 17세기 캔버스를 얻기 위해 구입한 17세기 무명 화가의 그림이 가짜여서 거기서 18세기 중반부터나 쓰이기 시작한 안료인 코발트블루가 검출되었다는 것이다.

그러나 앞서 이야기한 〈엠마오 집에서의 저녁 식사〉의 경우 여전히 전문가들의 견해가 엇갈렸고, 1967년에서야 위작임이 최종 확정되었다. 심지어는 위작이더라도 이 작품을 파괴해서는 안 된다고 주장하는 평론가들도 있었다. 위작이지만 파괴하기에는 아까운 '미적 가치'를 가지고 있다는 게 그 이유였다.

패러독스와 딜레마

진품으로 여겼던 작품이 위조품으로 밝혀졌다고 해보자. 작품은 바로 전시에서 제외될 테고, 그 작품의 가치는 재평가될 것이며, 가격도 순식간에 추락할 것이다. 왜 그럴까? 얼른 떠오르는 답변은 '원작보다 못해서'이다. 탁월하고 개성 넘치는 예술적 경지를 개척한 페르메이르나 천경자의 작품과 비교할 때, 그것의 흉내에 불과한 위조 작가의 그림이 그보다 못한 것은 당연하지 않겠는가. 위작에는 뭔가 '잘못 그린' 부분이 있거나 부족함이 있을 거라는 생각은 아주 자연스럽다.

　이는 현실적으로 대부분의 위작에 적용된다. 하지만 위

작으로 논란이 되었던 몇몇 특별한 경우들을 보면, 우리가 바로 이러한 위작의 '당연한' 열등함을 한동안 알아차리지 못했다는 사실로 인해 어색한 상황이 연출된다. 애초에 위작이 진품 행세를 하는 동안 그 '잘못 그린' 부분은 주목받지 못했다. 만일 그 열등한 부분이 눈에 들어왔다면 판 메이헤런의 위작 논란이 발생했을 리 없다. 그렇다면 그것이 과학적 근거로 위작임이 밝혀지자마자 그 예술적 열등함이 눈에 들어온 것일까? 차라리 "위작임이 밝혀졌지만 내 눈으로 보기에는 여전히 뭐가 다른지 모르겠다"고 하는 편이 솔직한 반응 아닐까?

사실 '위작은 뭐가 달라도 다른 점이 있겠지'라는 이유가 과연 적절한지 보려면 완벽한 복제품, 즉 어떤 차이가 있는지 눈으로는 전혀 알 수 없는 두 작품의 존재를 가정해보면 된다. 정말 아무리 살펴보아도 '뭐가 달라도 다른 점'이 없는 복제품이 존재한다면, 이 완벽한 복제품은 원작을 대신해 미술관에 걸려도 아무 문제 없을까?

그렇지는 않다고 생각할 것이다. 루브르에 가서 〈모나리자〉를 보고 나온 당신이 누군가로부터, 사실 지금 걸려 있는 〈모나리자〉는 보안과 보존을 위해 미술관이 제작한 구별할 수 없을 정도로 똑같은 복제품이고, 진품은 수장고에 잘 보관되어 있다는 말을 들었다고 해보자. 이때 "괜찮아요, 어차피 똑같이 생겼다면서요?"라고 말할 사람은 많지 않을 것이다. 우리는 전혀 그 차이를 식별할 수 없는 경우에도 원작을 더 선호하고 더 가치 있게 여기려 한다.

물론 복제품 〈모나리자〉를 본 우리의 아쉬움은 속았다는 윤리적 차원에서의 불쾌감 때문일 수도 있다. 그러나 우리가 위작보다는 원작을 선호하는 태도가 오로지 윤리적 이유 때문만은 아닐 것 같다. 전문가들은 예술사적 이유를 들기도 한다. 판 메이헤런의 경우에서 본 패스티시 방식의 위작들은 미술사를 왜곡시킨다고 말한다.

사실 이것은 단지 한 작가의 작품 목록이 한 줄 더 늘고 줄고의 사소한 문제가 아니다. 진품으로 오해된 위작은 그 작가의 양식적 특성과 그 변화를 추적하는 일을 왜곡시킨다. 판 메이헤런의 위작이 밝혀지지 않았다고 가정한다면 우리는 지금 〈엠마오 집에서의 저녁 식사〉를 통해 페르메이르 후기 종교화에 나타나는 카라바조의 영향과, 그러한 점에도 불구하고 '페르메이르만의 개성적인' 깊고 무거워 보이는 눈두덩의 묘사에 관해 연구하고 있을지도 모른다.

하지만 예술사적 가치가 곧 예술작품의 가치는 아니다. 하나의 작품을 형식과 내용을 가진 예술품으로 대했을 때의 가치, 소위 '예술적 가치'로 불리는 영역이 있을 수 있다. 위작이 바로 그 영역에서 문제가 있어 원작만 못하다는 결론을 얻게 된다면 이는 윤리적 이유나 미술사적 이유보다 우리의 상식에 훨씬 더 부합하는 설득력 있는 분석으로 여겨질 것이다.

따라서 위작에 대한 철학적 질문은 이렇게 던져볼 수 있다. '윤리적이거나 예술사적인 이유 말고도 위작이 원작보다 무조건 열등한 가치를 지닌다고 믿을 예술적 이유가 있을까?' 그리고 우리 대부분은 이에 대한 답이 '그렇다'이기를 기대한다. 우리가 가진 원작에 대한 선호가 예술적인 이유에서 정당화될 수 있다고 믿고 싶은 것이다. 과연 그럴 수 있는지, 그럴 수 있다면 그 이유는 무엇인지 살펴보자.

지금까지의 이야기를 요약하면 이렇다.

1) 우리는 위작 문제의 출발점으로, 지각만으로는 진품과의 차이를 구별할 수 없는 똑같아 보이는 위작이 있다고 가정해볼 수 있다. 이는 논의의 출발을 위한 가정이다. 현실적으

로도 불가능한 것은 아니다.

2) 그런데 우리가 이 두 작품을 통해 같은 지각을 경험한다면 두 작품의 예술적 가치에는 우열이 없다고 생각할 수 있다. 작품의 가치란 보는 이에게 어떤 경험을 하게 하느냐에 달려 있다고 생각하기 때문이다.

3) 하지만 우리가 가진 또 다른 상식에 따르면 위작은 진품보다 예술적으로 열등한 가치를 지니고 있어야 마땅하다.

이 세 개의 각각의 입장은 모두 일견 상식적이며, 그들을 지지하는 근거도 충분한 것처럼 보인다. 하지만 문제는 논리적으로 그럴 수 없다는 사실이다. 이 세 주장은 동시에 다 참이 될 수 없고, 따라서 이 세 주장을 모두 옳다고 받아들이는 사람은 모순을 범하는 게 된다. 예를 들어 누군가 1) 지각적으로 구별할 수 없을 만큼 똑같은 작품이 있다는 사실과, 2) 두 작품의 예술적 가치의 차이는 둘을 지각적으로 식별할 수 있는 차이에 달려 있다는 사실을 모두 참으로 받아들인다면, 그는 논리적 귀결대로 '따라서 진품과 위작의 예술적 가치는 같다'를 받아들여야 한다. 이는 정확하게 3)을 부정하는 것이다. 이러한 상황을 위작의 패러독스라고 부르기로 하자.

이 역설을 해결하기 위해서는 어느 하나의 주장을 거짓인 것으로 부정하면 된다. 위에서 예를 든 대로 1)과 2)를 받아들이고 3)을 부정하는 식이다. 실제로 이러한 입장을 택한 사람들이 적지 않았다. 잘 그린 위작은 진품과 똑같은 '미적' 가치를 지닌다고 믿는 사람들이다.

실제로 천경자 화가의 위작 논란에 관한 기사의 댓글에는 "도덕적 가치나 역사적 가치 같은 예술의 외적 가치는 다르겠지만 그렇다고 작품의 예술적 가치가 떨어진다는 것은 당신이 작품을 투자로 보았기 때문이다. '탐미'로 즐기는 데는 위작도 모자람이 없다"라거나 "당신의 시각이 아무것도 찾아낼 수 없는데, 그림이 가짜라는 게 대체 무슨 상관이냐?"라는 식의 반응이 적지 않게 올라와 있다. 그들은 자신들의 입장이 상식에 어긋나 보일지는 몰라도, 방금 전까지 상찬하던 작품을 위작임이 밝혀졌다는 이유로 평가 절하하는 위선적인 주류 입장을 따르지 않는다는 점에서 일말의 자부심까지 느끼는 듯하다.

이를 지지하는 이론도 있다. 1950~60년대 초창기 분석 미학의 기초를 일구어놓은 먼로 비어즐리Monroe C. Beardsley는 명시적으로 이 입장을 지지한다. 그는 맨눈으로 보아 구별할 수 없는 두 대상이 어떻게 서로 다른 미적 가치를 갖는다는 것인지 이해할 수 없다고 말한다. 지각적으로 식별할 수 없다면 미적 가치도 같아야 한다. 그렇다면 위작에 대한 우리의 태도 변화는 예술적 이유에서는 정당화되지 않는다. 완벽한 위작이라면 그것의 미적 가치는 진품과 동일하다.

예술적 가치와 미적 가치

그러나 여기서 주목할 점은 위의 3)에서 이야기하는 '예술적 가치에서 차이 있음'이, 비어즐리에게서는 '미적 가치에서는 차이 없음'으로 바뀐다는 점이다. 예술적 가치와 미적 가치는 각각 무엇을 가리키는 말인가? 이 둘의 의미는 같은가? 같아야만 위의 패러독스가 성립할 테고, 모순을 피하려고 위작과 진품의 가치 차이가 없을 수도 있다는 것을 인정한 이들의 솔직함도 빛을 발할 것이다.

예술은 도덕적, 금전적, 예술사적 가치 등 다양한 가치를 가질 수 있다. 만일 작품을 통해 큰 깨우침을 얻거나 배우는 게 있다면 예술은 계몽적 가치나 인지적 가치도 가질 수 있다. 예를 들어 우리는 소설로 역사적 사실을 배울 수 있다. 또한 연극은 마음이 아픈 사람을 치료해줄 수 있고, 음악은 엘리베이터 안에서의 어색함을 완화해줄 수 있으며, 그림은 벽에 묻은 얼룩을 가려줄 수 있다.

하지만 이러한 도구적이고 우연적인 예술의 활용을 모두 예술적 가치라고 부르지는 않는 것 같다. 그렇다면 어디까지일까? '예술을 예술로서' 취급한다는 조건을 붙이면 대체 가능한 다른 도구적 사용과는 구별되는 '예술적 가치'의 영역을 확보할 수 있지 않을까? 그러나 미학의 근대적 전통을 대변하는 견해에 따르면, 그러한 것은 없다. 미적 가치를 제외한 예술의 어떤 도구적 가치도 그것이 누군가의 마음에 혁명의 불씨를 심어주었건, 30분짜리 킬링 타임의 유용한 수단이 되었건 가리지 않고 모두 예술이 가질 수 있는 부수적이고 우연적인 가치라는 게 이들의 입장이다. 이에 따르면 예술의 고유한 가치는 미적 가치뿐이다. 과연 그러한지는 조금 뒤에 더 살펴보기로 하고, 우선은 미적 가치라는 말에 주목해보자.

미적 가치란 무엇인가? 작품이 아름답다는 것인가? 그럴 수도 있다. 하지만 미학에서는 '아름다움the beautiful'과 '미적인 것the aesthetic'이 같은 의미가 아니다. 아름다움이 미적인 것의 부분 집합이기는 하지만, 그리고 또 미적인 것의 가장 전형적인 예가 아름다움이라고 할 수는 있지만, 세밀하게 들어가면 아름다움은 아닌데 미적이라고 할 수 있는 경우가 있다. 대표적으로 숭고함, 우아함, 비장함 같은 것들이다. 그러나 일단은 아름다움을 중심으로 설명해보자.

아름다움이란 무엇인가? 철학적으로 볼 때 이 질문은 배우 유해진 씨와 강동원 씨 중에 누가 더 잘생겼는지를 묻는 것처럼 어떤 대상이 아름다운지를 묻는 게 아니라, 아름다움이라는 성질 자체가 무엇인지를 묻는 메타적인 질문이다. 비록 '아름답다'는 표현은 우정이나 인생 등에 관해서도 쓸 수 있는 광범위한 가치 술어이지만, 여기서는 우리의 논의를 감각적인 대상의 아름다움에 국한해보자.

과거로 거슬러 올라갈수록 아름다움이란 무엇인가에 대한 대답은 분명하고 쉽다. 고대로부터의 생각에 따르면 아름다움이란 물질적인 대상이 가진 특별한 성질을 가리키는 말이기 때문이다. 비례, 조화, 균형 같은 것이 전형적인 예다. '통일성이 있지만 획일적이지 않고, 다양하지만 혼란스럽지 않은 그러한 성질'이라는 세련된 표현을 선호하던 때도 있었다. 어찌되었건 대상이 가진 성질을 말한다는 점에서는 차이가 없다.

이 시대라면 '완벽한 미인의 기준' 같은 말을 훨씬 더 실체가 있는 것으로 이해했을지도 모른다. 오늘날처럼 미를 사람마다 다른 판단 기준을 갖는 '제 눈에 안경' 같은 현상으로 여기기보다는 대상이 가진 관찰 가능한 객관적 성질로 이해했을 테니 말이다. 물론 오늘날에도 우리는 여전히 '미인의 기준' 같은 말을 쓰고는 있지만, 정말로 절대적이고 객관적인 기준이 있다고 신봉하지는 않는 듯하다. 수많은 성형외과 앞에서 조금 자신 없어지는 주장이기는 하지만.

"정말 미인이십니다" 대신 "딱 제가 좋아하는 스타일이에요!"가 외모를 칭찬하는 말로 쓰이는 요즘이다. 오늘날 우리는 대상의 객관적 성질 못지않게 그것이 내 마음에 들었는지도 미의 판단에 중요한 요소로 보는 것이다. 비례는 어그러졌더라도 내 마음에 흡족하다면 아름답다고 말하지 못할 이유가 어디 있겠는가? 이러한 식의 변화가 일어나기 시작한 것은 17세기 영국에서부터다. 이때 미에 대한 생각은 코페르니쿠스적 전환을 겪는다.

아름다움이 마음속에 일어나는 즐거움과 관련을 맺고

있다는 것은 17세기 이전에도 알려진 사실이었다. 그러나 과거에는 이것이 '아름다운 대상을 보면 즐겁다'와 같은 식으로 미의 지각에 따라오는 성질이 즐거움이었다면, 그에 반해 큰 전환을 겪는 이 시기에는 이 즐거움이 곧 '미란 무엇인가'를 정의하는 핵심 성질로 변했다. 다시 말해 아름다움이란 내 마음에 어떤 특수한 종류의 감동과 즐거움이 일어났다는 것을 가리키는 것, 즉 주관의 느낌에 달린 거라는 생각이 싹텄다.

그런데 마음에 즐거움이 느껴지는 경우는 헤아릴 수 없이 많다. 맛있는 음식을 먹을 때도 즐겁고, 성적이 올라도 월급이 올라도 구독자 수와 '좋아요'가 늘어도 마음이 즐겁다. 하지만 이러한 즐거움이 일어날 때마다 우리가 아름다움을 지각하는 것은 아니다. 아름다움을 판단할 때 따라오는 특별한 종류의 즐거움을 설명하기 위해 당시의 학자들이 창안해낸 것이 'disinterestedness'이다. 이는 '이해관계나 관심interest과 떨어짐dis'이라는 개념으로, 우리는 이를 무관심성 혹은 무사심성無私心性이라고 번역해 사용한다.

무관심이라는 말에 다소 오해의 소지가 있지만, 여기서 무관심적으로 얻은 즐거움이란 개인의 사적인 욕구 충족이나 이해관계와 무관한데도 즐거운 경우를 뜻한다. 실제로 앞에 열거한 음식이니 성적이니 하는 것들이 식욕이나 명예욕, 성취욕과 그에 따른 이해가 개입된 즐거움인 데 비해, 아름다움에 감동할 때 우리의 즐거움은 그러한 것에서 벗어나 있다는 특징을 갖는 듯하다.

예를 들어 너른 들판을 바라보며 아름다움을 느낄 때의 즐거움은 분명 그 들녘의 토지를 소유한 데서 오는 관심적 즐거움과는 다를 것이다. 즐거움의 질이 다르다는 뜻이라기보다 즐거움을 느끼는 상황과 우리의 심적 태도가 다르다는 것이다. 잘 익은 사과를 보며 그 색과 모양과 향기의 아름다움을 찬탄하는 경우 역시 그것이 대상의 미를 판단하는 경우라면 먹고 싶어서 하는 찬탄은 아니어야 할 것이다.

이렇게 해서 사람들은 미를 차차 무관심적 심리 상태에서 느끼는 즐거움으로 이해했다. 이러한 이론에 기울었던 영국 학자들을 취미론자라고 부른다. 이는 그들이 인간에게는 세상을 지각하는 시각, 청각 등의 오감 외에도 '취미 taste'라고 부르는 미를 전담하는 감각 기관이 있다고 믿었기 때문이다. 시각이 빛을 지각하듯 취미는 대상이 가진 특별한 속성, 예컨대 다양함과 통일성의 조화를 지각하고, 그 결과 그것이 나의 이해와 욕구의 충족과 무관함에도 내 마음에 감동과 즐거움을 불러일으킨다는 것이다.

미의 주관성, 미의 규범성

미의 판단이란 곧 내 마음에 쾌(快)가 불러일으켜졌는지에 대한 판단, 즉 주관적인 판단이라는 생각, 하지만 이를 위해 무관심적 태도로 대상에 주목할 필요가 있다는 생각은 서구 근대에서 확립된 후 지속적으로 논의되며 발전해왔다. 이 논의 과정에 중요한 역할을 한 것은 주관적인 판단의 규범성과 보편성을 확보하는 일이었다. 즉 주관화의 길이 시작되었다고 해서 아름다움에 관한 판단이 전적으로 개인의 선호에 따라 달라질 수도 있다는 생각으로 바로 진행된 것은 아니다.

잘생긴 연예인을 언급하면 꼭 "난 그 사람 왜 잘생겼다고 하는지 모르겠더라"라고 말하는 친구 하나쯤은 있을 것이다. 그 친구를 이해할 수는 없지만, 그렇다고 그 연예인의 코의 각도와 미간의 길이 등을 언급하면서 "자 이제 알았지?"라고 말하지는 않는다. 그러나 그렇다고 아름다움에 관한 판단이 딸기 아이스크림보다 바닐라 아이스크림을 선호할 수도 있고 그 반대일 수도 있는 것처럼 전적으로 취향의 문제는 아니라는 것도 우리는 인정한다.

딸기 아이스크림을 무슨 맛에 먹는지 모르겠다고 한다고 해서 그를 '뭔가 잘못된 사람'으로 취급하지는 않겠지만, 단풍든 설악산의 경치를 보아도 아무 느낌이 없고 만개한 벚꽃 길을 걸으면서도 그게 왜 아름다운지 모르겠다는 사람에게는 "너 뭔가 좀 이상한데?"라고 반응하는 것이 오히려 자연스럽지 않은가?

이것이 미의 판단이 가지고 있다고 여기는 규범성이다. 장미를 백합이라고 하거나 소금 맛을 달다고 하면 틀린 것과 마찬가지로, 아름다움에 관한 판단도(비록 그것이 우리의 반응을 전제로 하는 주관적 판단임을 인정한다 해도) 바른 판단과 그렇지 않은 판단의 구별이 있어야 할 것이다. 또한 그 귀결로 우리 대다수가 동의할 수 있는 판단이 되어야 할 것이다. 이것이 규범성과 보편성의 요청이다. 사실 이들은 지금 우리의 미의 판단에서도 완전히 무시되는 것은 아닌 만큼 그 당시에는 말할 것도 없었을 것이다. 대상의 아름다움에 대한 서로 다른 판단을 놓고도 "그건 보기 나름이지, 옳고 그름이 어디 있어?"라고 할 만큼 주관화되지는 않았던 것이다.

무관심성은 이 규범성과 보편성의 문제를 해결하는 데도 중요한 역할을 한다. 미적 판단은 무관심적이어야 하기에 우리의 일상적 판단과는 달리 그 바탕에 깔린 여타 관심과 욕구가 배제되어야 한다. 칸트는 우리가 미를 판단할 때는 판단하는 대상의 용도나 목적은 물론 그것이 속하는 개념이나 범주, 그것이 내 앞에 실재하는지 아닌지에 대한 관심조차도 불필요하다고 말한다. 그는 인간 모두가 가진 인식 능력은 공통적이라고 생각했기에(다만 미를 판단하고 있는 경우, 이 인식 능력들이 평소와 달리 소위 '자유로운 유희'를 하고 있다고 한다) 무관심성 조건이 지켜지기만 하면 우리의 미적 판단은 보편성을 얻을 수 있다고 믿었다. 누구나 아름다운 것을 아름답게 보고, 그렇지 않은 것을 추하다고 볼 거라는 이야기다. 이견이 생긴다면 이는 누군가가 완전히 무관심적이지 않았다는 뜻이다.

위작과 진품의 미적 가치는 과연 동일한가

『판단력 비판』을 통해 제시된 칸트의 미학 사상은 미와 미적인 것의 특징을 설명하는 원류를 구성한다. 칸트를 위시한 근대의 전통에 따라 대상을 무관심적으로 본다면, 결국 그것은 대상의 무엇을 본다는 것일까? 칼을 흉기로 보는 것도 아니고, 조리 도구로 보는 것도 아니며, 심지어 칼을 칼로 보는 것도 아니라면 말이다.

그 답은 개념과 용도에 대한 선입견이 배제된 상태에서의 개별적인 대상의 모습이라고 할 수 있다. 칸트는 이것을 '목적 없는 합목적의 형식'이라는, 그 자체가 설명이 필요한 말로 설명한다. 거칠게 말해 목적이 없다는 것은, 개념을 전제로 대상이 봉사해야 하는 하나의 목적을 상정한 후 주어진 대상이 그것에 부합하는지를 판단하는 게 아니라는 것이다. 그런데도 그 판단이 '합목적'이라는 것은 그렇게 대상 그 자체의 모습만을 보아도 그것이 무언가에 '딱 맞는 것'으로 즐거움과 함께 판단된다는 뜻이다. 그리고 그때의 대상 그 자체의 모습이란 대상이 가진 형식(형태)이라는 것이다.

이를 계기로 이후에 이어지는 많은 이론을 통해 미학에서는 '미와 예술의 감상은 대상의 순수한 형식적 속성에 반응하는 것'이라는 하나의 전통이 자리 잡게 된다. 형식에 대한 주목은 예술의 자율성과 독립성을 주장하기 위한 주요한 하나의 근거가 되었다. 왕의 도착을 알리는 팡파레,

왕의 덕을 기리는 송시, 왕의 위엄을 더해주는 초상화와 같이 전통적으로 예술이 담당했던 도구적 역할에서 벗어나고도 예술이 어떻게 가치를 지닐 수 있는지를 보여주는 것이 순수 형식을 통해 얻는 미적 가치다.

순수 형식만으로 특별한 반응을 불러일으킬 수 있는 예술은 삶의 다른 영역에서 추구하는 지식이나 교훈을 자신들의 가치 기준으로 차용하지 않고도 자신에만 고유한 가치, 즉 미적 가치가 있음을 주장하게 된 것이다.

미적 가치는 단순한 감각적 즐거움 이상의 의미를 지닌 것으로 해석되기도 한다. 이기적인 욕망과의 관계를 단절하고 대상 그 자체에 주목한다는 이 영역의 특징으로 인해, 미적 가치란 인간이 얼마나 자유로운 존재일 수 있는가에 대한 알레고리로 보기도 한다. 현재 인간의 모습을 억압받는 존재로 인식한다면, 즉 자신의 욕구로부터 자유롭지 못하고 언제나 도구적 이성이 강요하는 합리성과 효율성, 실용성에 시달리는 게 인간의 모습이라고 본다면, 어느 순간 그 모든 것으로부터 자유로운 미적 감상과 미적 가치 판단이 인간에게 가능하다는 사실은 자유와 해방을 얻은 유토피아에서의 인간 모습을 상상하게 한다는 것이다.

이렇게 포장된 미적인 것에 대한 이론들로 인해 차츰 이 영역은 인간에 대한 총체적 이해에 필요한 핵심 영역으로 자리 잡았고, 예술 역시 서서히 자신들이야말로 그러한 영역에 뿌리를 둔 인간 활동임을 자임하게 되었다.

대상의 용도나 개념을 전제하지 않고 그것의 구조와 형식 자체에 주목해야 한다는 전통은 예를 들어 모더니즘의 추상회화를 이해할 때 좋은 틀을 제시한다. 순수한 형식주의 예술은 사물의 외관을 재현하는 일을 불순하게 여기고 그것들이 환기하는 일상적 삶의 감정들을 못마땅하게 생각했다. 풍경, 인물, 사건 등을 묘사한 재현적인 작품조차도 그 형체들은 무시하고 단지 형식으로서 감상하는 것이 제대로 된 예술 감상이라고 생각했다.

미적인 것의 이론과 형식주의가 배경이 되었을 때, 이제 우리는 드디어 왜 '잘된 위작이라면 진품과 같은 가치를 가질 수밖에 없다'는 귀결에 이르게 되었는지 그 배경을 이해할 수 있다. 이들은 미적 가치만을 고려하고 그 이외에 예술의 고유한 가치는 없다고 보는 전통에 서 있기 때문이다. 누가 언제 그렸는가가 예술사에서는 중요한 사실이지만, 이것과 미적 가치는 구별된다.

미적 가치는 작품의 구조에서 온다. 작가는 바로 그 미적으로 가치 있는 형식과 구조를 만들어냈다는 이유로 칭찬받는 사람이다. 한때 예술계를 지배했던 이러한 전통이 결국 위조품이라도 그렇게 '잘 그린' 것이라면 칭찬할 수밖에 없다는 결론을 내리게 한다. 우리가 위작에는 뭔가 못 그린 부분이 있어야만 한다고 집착하는 이유도 여기 있는 것 같다. 형식적 구조에 다른 점이 있어야 거기서 오는 미적 즐거움이 원작만 못하다고 할 수 있는 것 아니겠는가? 그런데 그러한 다른 부분이 없다면 그것의 미적 가치는 인정할 수밖에 없게 된다.

판 메이헤런은 자신이 당대의 비평가들에게 다음과 같은 딜레마를 던졌다고 믿었다.

1) 내가 제작한 위작을 페르메이르와 같은 수준의 훌륭한 작품이라고 칭찬했던 평론가들은, 그것이 위작으로 밝혀진 뒤에는 자신의 칭찬을 철회하든가, 아니면 그래도 계속 유지하든가 둘 중 하나를 선택할 수밖에 없다.
2) 철회한다면 이는 그들의 감식안이 부족함을 자인하는 것이다.

3) 유지한다면 나는 페르메이르와 같은 수준의 훌륭한 작가다.

실제로 이 딜레마는 일부 평론가들을 곤혹스럽게 했다. 그들 역시 작품의 예술적 가치가 미적 가치뿐이라고 생각했다면 더욱 그랬을 것이다. 그들이 무관심적 주목을 통해 제대로 미적 가치를 보았다면 이는 뒤늦게 밝혀진 작가의 다른 의도나 예술사적 오류, 심지어 작가를 바로 잡는 변화의 와중에도 살아남아야 할 것이다. 그리고 그렇게 된다면 그들은 자신들의 미적 가치 기준을 유지하기 위해 '작품은 위작으로 밝혀졌지만 여전히 감상할 가치가 있다'는 편에 서야 했을 것이다.

미적, 예술적, 독창적

예술에는 미적 가치만 존재할까

과연 예술의 고유한 가치는 미적 가치뿐일까? 미국 미학을 대표하는 학술지 《The Journal of Aesthetics and Art Criticism》에 실렸던 알프레드 레싱Alfred Lessing의 「위작이 잘못된 점은 무엇인가?」라는 논문은 비록 50여 년이 지난 글이긴 해도 미적 가치와는 구별되는 예술적 가치의 차원이 존재한다는 것을 보이려는 시도였다.

여기서도 기본적으로는 앞서 제시한 위작의 패러독스에서 1)과 2)를 받아들인다면 그 논리적 귀결로 3)을 부정할 수밖에 없다는 것은 인정된다. 그러나 이것이 위작의 가치에 관한 이야기의 전부는 아니다. 레싱에 따르면 1)과 2)

를 받아들이더라도 위작의 가치를 열등한 것으로 보는 우리의 태도는 정당한 예술적 이유에 근거한다. 미적 가치가 예술이 가질 수 있는 예술적 가치의 전부는 아니기 때문이다. 따라서 위작은 진품과 미적 가치 면에서 같을 수 있더라도 예술적 가치의 측면에서는 다를 수 있다.

레싱은 독창성originality이 바로 이러한 예술적 가치라고 보았다. 이후 학자들에 의해서도 독창성은 금전적, 교훈적 가치 같은 우연적이고 부수적인 효용과는 구별되는 '예술의 예술로서의 가치' 중 하나로 인정되고 있다.

예술이 상상과 감성의 영역이 동원된 창조이며 그를 통해 인간의 자유로움을 대변하는 것으로 인식되기 시작한 것은 낭만주의 시대부터다. 그 이래로 창의성, 독창성 등의 개념은 예술의 숙명이자 가치가 되었다. 예술은 아름다움 못지않게 새로워야 했다. 물려받은 것에 대한 저항, 공유된 상식의 부정, 관습적이거나 윤리적인 금기의 위반 등이 예술의 영역에서라면 용인되어야 한다는 주장도 이러한 이유에서 비롯되었다.

이러한 창의성 혹은 독창성이라 불리는 새로움은 반드시 감상자들에게 만족을 주는 쾌적한 형식을 취하지 않을 수도 있다. 혹은 '새로운 시도'라는 것 자체가 아예 작품을 아무리 잘 관찰한다고 해도 지각적으로 알아차릴 수 있는 성질이 아닐 수도 있다. 독창성은 우리가 그것을 어떻게 지각하고 어떻게 경험하는지와 무관하게 그저 역사적 사실과 배경 이론을 통해 작품에 부여되는 것으로 보아야 할 것이다. 그렇다면 이는 지각 가능한 미적인 속성과는 별개라고 볼 수 있다.

얼핏 위작이 독창적이지 않다는 것은 자명해 보인다. 마치 '총각은 결혼하지 않았다'처럼 '총각'이나 '위작' 같은 단어의 의미가 우리가 아는 것과 다르지 않다면 결코 거짓일 수 없는 진술인 것 같다. 따라서 레싱의 생각대로 독창성을 도구적인 가치가 아닌 고유의 '예술적 가치'로 본다면 위작은 그것을 갖지 못해 열등하다는 결론은 별 어려움 없이 수립된다. 만일 두 작품이 눈으로 구별할 수 없을 만큼 똑같아서 미적 가치의 차이를 주장할 수 없더라도 위작은 독창적이지 않으므로 진품보다 가치가 덜하다는 상식을 내세우면 위작의 패러독스는 쉽게 피해갈 수 있다.

하지만 반론 또한 예상할 수 있다. 위작이 독창적이지 않다는 것이 그토록 자명한가? 예를 들어 우리가 작품에 나타나는 기발함 같은 것을 독창성이라고 한다면 이는 판 메이헤런의 패스티시 스타일의 위조 작품인 〈엠마오 집에서의 저녁 식사〉에서도 발견될 수 있다. 판 메이헤런의 작품이야말로 참으로 기발하고 새롭지 않은가?

따라서 일견 상식적인 이 논변이 성립되려면 독창성이라는 말이 무엇을 지칭하는지를 분명히 해야 한다. 또한 독창성을 '예술적 가치'로 보는 것이 정당한지도 설명해야 하고, 그 과정에서 그러한 의미의 독창성을 페르메이르는 가지고 있지만 판 메이헤런은 결코 가지고 있지 않다는 점도 당연히 설명할 수 있어야 한다.

독창성이 평가되어야 할 국면

우리가 보통 독창성이라고 번역하는 'originality'는 사실 우리말로 옮기기가 쉽지 않다. '특정 기원origin을 갖음'을 가리키는 말인데, 따라서 원본, 원류라는 의미와 그렇기에 처음이고 새롭다는 의미가 모두 들어 있는 것 같다. 전자의 의미가 분명한 경우에는 원본성이라고 번역할 수도 있겠다.

독창성을 새로운 산물이 창조되었는지 혹은 새로운 형태가 제시되었는지 하는 것만을 중심으로 이해한다면 앞서 본 것처럼 판 메이헤런의 패스티시에 대해서는 새롭고 독창적이라는 말을 써도 될 것 같은 문제가 발생한다. 그러므로 단지 '새로운 형태의 제시'로서의 독창성은 여기서 우리가 찾고자 하는 의미의 독창성이 아니다.

한편 '독창적인 방식으로 실패한 작품'이라는 말도 가능하므로 독창성이란 그 자체로 이미 좋은 가치를 담보한다고 볼 수 없다는 견해도 있다. 하지만 이 경우에도 독창성이라는 말은 단지 '이전까지 없었음' 정도의 의미일 것이므로 이 역시 우리가 원하는 독창성의 의미가 아니다. 우리는 새로우면서도 긍정적인 가치를 포함하는 것을 예술작품의 독창성으로 보고 싶은 것이다.

작품이 가질 수 있는 여러 의미의 독창성 중에 이러한 조건에 맞는 독창성의 개념으로는 작품을 통해 달성한 성취가 새롭고 가치 있을 때를 가리키는 것으로 제안할 수 있다. 즉 작품이 어떤 예술적 과제를 해결했거나 해결하려 했는지, 작품을 통해 역사적으로 어떤 가치 있는 것을 새롭게 성취했는지와 관련된 독창성을 말한다.

17세기 중반 페르메이르가 창문 앞에 서서 편지를 읽고 있는 여인을 세밀한 세부 묘사와 함께 유화로 그려냈을 때의 성취는 당대의 주어진 조건에서 '어떻게 빛과 색의 정교함과 미묘함을 잃지 않으면서 대상의 외관을 모사할 것인가'와 같은 예술적 과제에서의 성취다. 이는 20세기 중반에 이루어진 '어떻게 페르메이르의 양식적 특징을 그대로 모방할 것인가'라는 과제(굳이 예술적 과제의 모습으로 치장한다면)에서 달성한 판 메이헤런의 성취와는 다른 영역에서 이루어진 것이다. 후자는 기껏해야 '나도 그 정도는 할 수 있다'는 개인적인 성취 정도에 머문다. 그 외에 우리가 원래 이 작품이 예술 양식사의 영역에서 이룬 성취라고 믿었던 것들은 전혀 판 메이헤런의 성취가 아니다.

오늘날 누군가가 변기를 뒤집어 서명한 뒤 전시회에 보낸다고 해서 103년 전에 뒤샹Marcel Duchamp이 〈샘Fountain〉으로 성취한 것을 다시 달성할 수는 없다. 마찬가지로 기원이 되는 한 작품에 부여했던 예술적 의미의 성취가 그와 동형인 모든 작품에서도 발견되는 것은 아니다. 그리고 이러한 의미의 독창성이라면, 위작은 가질 수 없고 진품만 가질 수 있는 것이 분명하다. 이제 우리는 큰 무리 없이 판 메이헤런의 작품이 열등한 이유를 설명할 수 있다.

작품의 성취는 작품의 기원과 고유하게 연계되어 있다.

주어진 대상이 무엇인지를 규정하는 본질적 요소 중 하나가 그것의 기원이라는 형이상학 이론도 있다. 따라서 작품의 성취를 평가하는 것은 결코 작품의 부수적 요소에 대한 평가가 아니다.

이렇게 보면 판 메이헤런의 위작과 연계된 딜레마는 오해에 근거한 것으로, 사실은 전혀 곤혹스럽지 않은 것이 된다. 페르메이르의 위대함은 그 사람 이외에는 누구도 가질 수 없는 그의 성취에서 유래한 것이기 때문이다. 따라서 〈엠마오 집에서의 저녁 식사〉가 위작으로 밝혀진 뒤 우리는 당황하지 않고 얼마든지 그것의 '예술적 가치'가 바뀌었다고 말할 수 있다. 잘못된 기원을 바로잡으면 그에 따라 독창성에 관한 우리의 판단을 아무 문제없이 철회할 수 있는 것이다.

다른 한편으로 우리는 〈엠마오 집에서의 저녁 식사〉의 미적 가치가 유지된다고 해서 판 메이헤런의 위대함이 입증되는 건 아니라고도 말할 수 있다. 판 메이헤런에 의해 모사된 것은 성취의 결과물인 페르메이르의 양식과 테크닉이었을 뿐이다. 따라서 이제 우리는 위작에 대한 우리의 태도 변화가 비록 미적인 이유에서는 아니지만 분명히 예술적인 이유로 정당화된다고 말할 수 있다. 그리고 이것이 패러독스에 대한 새로운 해결책이다.

미적 가치의 스펙트럼

미적 가치와 예술적 가치의 구분에 입각한 이러한 견해는 위조품의 열등함을 설명할 수 있는 논리적으로 선택 가능한 하나의 방법이다. 하지만 여기서 한 발 더 나아가 미적 가치에 대해 다시 한 번 생각해보자.

비어즐리는 물론 독창성을 해법으로 제시한 레싱도 위작과 원작이 미적 가치 면에서 같을 수 있다는 가능성은 인정한다. 하지만 이것이 정말 받아들일 수밖에 없는 결론일까? 물론 이는 전통적인 견해를 수용한 것이지만 바로 '그 전통을 의심해볼 여지는 없는가?' 하는 것이 여기서 던지는 질문이다. 전통적 형식주의에서 본 미적 가치는 순수하게 작품의 조형적 구조만을 감상하는 데서 오는 미적 쾌에 달린 문제다. 하지만 이를 지지하는 사람들은 혹시 작품에서 무엇이 '미적'인가에 대해 지나치게 협소하게 생각하는 것은 아닐까?

이것은 물려받은 '미적인 것'에 관한 이론을 현대의 우리가 얼마나 수정해서 받아들이고자 하는지, 아니면 그래야 할 필요를 전혀 느끼지 못하는지에 달린 문제다. 서두에서 밝혔듯이 위작에서 촉발된 논의는 미학의 핵심 문제 중 하나인 미적인 것과 미적 가치에 관한 역사적 이해를 거쳐 자연스럽게 그에 대한 비판적 사유로까지 이어진다.

데니스 더튼Denis Dutton 역시 예술적 성취의 측면을 중시하고 나아가 모든 예술이 가진 '수행performance'으로서의 성격에 주목하는 학자다. 연주나 공연뿐 아니라 회화조차도 예술가가 어떤 일을 수행하고, 그 과정을 통해 성취한 것이다. 따라서 감상의 대상 혹은 감상을 통한 미적 경험의 대상이 될 수 있는 것은 작품의 지각적·형식적 성질뿐만 아니라 작품의 수행 과정과 성취도 포함된다. 예술의 감상에는 아름다운 선, 면, 색과 더불어 그것이 누군가의 수행에 의해 달성된 성취라는 점도 포함된다는 것이다.

만일 그러한 성취가 왜곡되었거나 잘못 대변되었다는 사실이 드러나면 우리의 감상이 바뀔 게 분명하다. 놀라운 속도의 피아노 연주에 감동했지만 그 연주가 사람이 아닌 컴퓨터 합성을 통해 연주된 거라는 사실을 알게 되었다고 해보자. 우리의 감동은 철회되는 것이 마땅하다.

마찬가지로 추상 조각에 등장한 반질반질하게 닦인 완벽한 구형의 돌멩이를 보면서 가공이 섬세하고 정교하다며 감탄했는데 알고 보니 빗물에 의해 풍화된 돌멩이를 가져다 쓴 거라고 해보자. 인간의 노고를 전제로 했던 하나의 감동은 우연과 자연의 힘에 대한 다른 종류의 감동으로 대체될 것이다. 더튼은 이러한 경우 우리의 경험은 분명히 다른 것으로 변화되지만 그렇더라도 이것은 여전히 미적 경험으로 불리기에 적절한 수준에서 일어나는 변화일 수 있다고 제안한다.

더튼은 작품의 미적 가치는 위작으로 밝혀진 뒤에도 변하지 않는다는 입장을 지지하지 않는다. 작품의 창조 맥락을 고려하면 미적 가치와는 독립적인 예술적 가치가 만들어진다고 주장하는 것도 아니다. 대신 그의 전략은 작품 감상의 미적 국면을 지각적이고 형식적인 것 이상으로 확장하는 것이다. 문맥과 배경지식과 역사는 작가가 성취한 것을 감상하는 데 중요한 요소가 된다. 그것들의 변화는 비록 지각을 통해 관찰 가능하진 않지만, 우리의 감상과 이해를 변화시킬 터이기에 미적으로 중요한 변화가 된다는 것이다. 위작은 성취를 잘못 대변하고 있으며, 따라서 이에 대한 우리의 태도 변화는 정당하다.

비록 우리가 "모든 예술은 수행"이라는 더튼의 주장을 받아들여야 할 필요는 없지만, 이를 계기로 작품에 대한 미적 반응이 일어나는 국면이 단지 지각적인 것에만 머무른다는 생각을 재고해볼 수는 있다. 즉 위작에 대한 우리의 태도 변화는 지각적으로는 변화가 없더라도 우리의 미적 경험이 변할 수 있다는 가능성에 의존해 정당화될 수 있다.

물론 이는 모든 태도 변화가 어떻게 되든 미적인 것으로 정당화된다는 말은 아니다. 아니어야 할 것 같다. 어디까지 확장할 것인지 그 경계와 관련한 문제는 늘 따라다닌다. 더튼의 입장은, 미적 가치라는 개념에 대한 새로운 이해를 요구하는 수정주의자revisionist의 제안이라는 비판을 받을 수 있다. 미적으로 주목할 필요가 없을 것 같은 성취에도 필요 이상의 과도한 역할이 부여되는 것이 아닌가 하는 의심에서다.

예를 들어 베토벤의 경우처럼 작가가 신체적 장애를 극복하고 얻어낸 성취라는 것을 알고 들음으로써 그 음악이 더 감동적으로 다가왔다면 이것도 여전히 미적 가치 평가일까? 아니라고 한다면 과연 어떤 성취가 고려되어야 하고, 어떤 성취가 그렇지 않은지에 대한 구별이 작위적이라는 문제가 생긴다. 반대로 만일 신체적 장애 극복도 미적 가치 평가 시 고려해야 할 성취라면 이는 미적 가치 개념에 대한 지나친 수정을 강요하는 것일 수 있다. 고난을 극복한 이야기는 감동적이지만 그것을 작품에 대한 미적 감동으로 보기에는 여전히 무리가 따른다는 시각도 충분히 근거 있어 보인다.

굿맨과 단토,
다르게 푸는 역설

굿맨과 지각의 상대성

앞에서 동시에 참이 될 수 없는 세 가지 명제로 구성된 역설을 제시한 이유는, 이 중 어느 명제를 부정하느냐에 따라 위작의 패러독스에서 빠져나가는 방법이 달라진다는 점을 보이기 위해서였다. 이제 3) 대신 1)이나 2)를 부정할 여지는 없는지 살펴보자. 실제로 영미권에서 예술철학적 논의를 매우 풍부하게 만든 두 인물 넬슨 굿맨과 아서 단토의 논의가 여기에 해당한다.

굿맨은 "두 개의 그림 앞에서 일정 시간 동안 단지 보는 것만으로 두 그림의 차이를 구별할 수 없다면 둘 사이에 미적 차이가 없는 것인가?"라는 질문을 던짐으로써 위작의 문제에 다가간다. 이 질문에 대한 그의 답은 이러하다. 사람이 보는 것을 통해 무엇을 구별할 수 있느냐 하는 것은 단지 시각의 정확성만의 문제가 아니라 훈련과 경험에도 의존하기에, 지금은 내가 원작과 위작 사이의 차이를 보지 못하더라도 나중에는 그 차이를 보는 게 가능하다는 것이다.

따라서 만일 내가 하나가 위작이고 다른 하나가 원작인 것을 알고 있다면 이 사실이 나의 지각에 영향을 미치게 되고, 그래서 당장은 아니더라도 결국에는 둘 사이에 차이가 있다는 것을 알게 된다는 말이다. 이러한 답변을 어떻게 이해해야 할까?

일단 이것을 위의 패러독스에 대입해보면 굿맨은 아마도 1)의 전제인 '두 작품이 지각적으로 구별될 수 없을 만큼 똑같을 수 있다'를 애초 받아들이지 않는 것으로 볼 수 있다. 즉 '지금' 당장은 같아 보여도 만일 두 그림이 실제로 다른 것이고, 그 사실을 지각자가 알고 있다면 '결국' 지각적인 차이를 낳게 된다는 게 굿맨의 주장이다. '우리는 우리가 보고 싶은 것을 본다'고 말하기도 하고, 우리의 지각이 우리의 기대나 선입견에 의해 왜곡되는 경우를 모르지 않으므로 굿맨이 수수께끼 같은 주장을 한다고 볼 수는 없다.

야구장에서 한 사람은 "한 뼘은 벗어난 파울볼이야"라고 말하고, 다른 한 사람은 "무슨 소리, 라인 위에 떨어져 하얗게 횟가루가 날렸어"라고 주장하며 각자 자신들이 본 것이 옳다고 싸울 경우, 둘 중 한 명이 반드시 안 본 것을 보았다고 거짓말을 하는 것은 아닐 것이다. 두 사람은 모두 자신들이 본 대로 이야기하는 것일 수 있다. 다만 응원하는 팀이 달랐기에 보는 이의 소망과 기대가 각자에게 보고 싶은 것을 보게 했을 뿐이다. 물론 이 논쟁은 더 정확한 지각 수단(느린 화면이나 확대)을 동원하면 바로잡을 수 있다. 그러나 굿맨의 주장은 우리가 가끔 이러한 식의 착각을 한다는 것보다 더 근본적이고 과격한 주장이다.

여기에는 소위 '지각의 구성주의'라고 불리는 더 일반적인 이론이 깔려 있다. 그 이론의 요지는 결국 우리의 지각, 우리가 '거기 외부에 있다고 보는 것'이 우리가 이미 알고 있는 지식과 문화 등에 의해 하향식으로 '구성'된다는 이론이다. 아무것에도 오염되지 않은 "순진무구한 눈은 없다 No innocent eyes"를 주장하는 이 입장에 따르면 '있는 그대로 본다' 같은 것은 애초에 없다. 사실 '거기 있는 것'이라는 말조차도 정확한 표현이 아니다. 우리의 배경지식과 개념 틀에 의해 '거기에 있는 것으로 구성된 것'이 있을 뿐이고, 우리는 그것을 보는 것이다. 따라서 '무엇을 보는가'는 어떤 배경지식과 맥락이 동원되는지에 따라 상대적이다.

몇 년 전 경연과 심사를 통해 무명 가수들의 등용문 역할을 했던 프로그램이 장안의 화제였던 때, 회식 자리에서 중년의 부장이 젊은 사원으로부터 "부장님은 호박이 좋으세요, 전복이 좋으세요?"라는 맥락을 알 수 없는 질문을 들었다. 사실인즉 이 사원이 물었던 것은 당시 그 프로그램의 우승을 다투던 '허각'과 '존 박' 중에 누구를 더 좋아하느냐는 물음이었다. 대중문화에 크게 관심을 두지 않던 부장에게 '허각'이나 '존 박'은 유의미한 소리가 아니었기에, 자신의 개념과 배경지식을 동원해 그 불분명한 소리들을 '호박'과 '전복'으로 구성해낸 것이다.

사실 구성주의가 맞는다면 '허각'을 들은 사람도 그가 들은 것은 '허각'으로도 '호박'으로도, 어쩌면 또 다른 어떤 것으로도 들릴 수 있는 소리였는데, 자신이 가진 언어적 관습과 문화적 배경을 동원해 그 소리를 '허각'으로 듣게 된 것이다.

굿맨의 주장은 결국 지각을 통해 얻는 대상의 표상은

"주어진 그대로의 기록이 아니라 내 마음이 구성하는 것"이라는 말이다. 이러한 생각은 그림이나 문자를 통해 대상을 재현하는 체계에도 적용될 수 있다. 문자의 경우, 대상과 기호의 연결이 작위적으로 구성된 것이라는 점에는 누구나 동의할 수 있다. '개'나 'dog'이나 '犬'이나 저녁 무렵 동네 산책길에서 마주치는 생물체, 사람과 끈으로 연결된 채 앞서 걸어가다가 자신의 용변을 뒤따라오는 사람에게 치우도록 하는 그 동물을 있는 그대로 표상하는 것은 없다. 이는 그저 언어적 약속이고 관습일 뿐이다. 이것은 '犬'이 개의 모양을 본뜬 상형문자라고 해도 마찬가지다. 그렇다면 사실적인 개의 그림으로 개를 재현하는 경우에는 어떨까?

굿맨은 그림도 언어와 같은 기호라고 생각한다. 아무리 자연스러운 그림도 결국 언어처럼 우리가 코드를 배워 '읽는' 것이다. 따라서 굿맨은 사실적인 그림의 경우에도 관습과 약속에 따른 하나의 재현 체계가 작동한다고 주장한다. 그에 따르면 사실성이란 언제나 우리가 택한 그 재현 체계에 대해 상대적으로 판단된다. 원근법이나 일관된 시점이 무시된 이집트 회화와 3차원의 공간을 재현하는 데 어색함이 없는 르네상스 이후 서양 회화는 그저 서로 다른 재현 체계일 뿐이라서 어느 한쪽이 다른 쪽보다 사물을 더 '있는 그대로' 그려냈다고는 말할 수 없다.

우리에게 후자가 더 사실적으로 보이는 이유는 그것이 현재 우리의 문화가 채택하고 있는 재현 체계이기 때문이다. 실제로 우리도 때에 따라서는 윤곽선이 분명한 만화풍의 캐리커처를 사실적이라고 보기도 하고, 터럭 하나까지 묘사한 초상화를 어색하게 보기도 한다. 이러한 점에 비춰볼 때 사실적이라는 것이 절대적인 기준에 따르는 게 아니라는 주장이 설득력이 있어 보이기도 한다.

이와 같은 이론적 배경을 알면 "두 그림 중 하나가 위작이라는 나의 지식이 결국은 내가 두 작품 간의 차이를 지각적으로도 구분하도록 나의 지각을 구성할 것"이라는 굿맨의 설명을 좀 더 깊이 이해할 수 있다. 상황은 두 그림에 차이가 있고 그것이 너무 감쪽같이 감춰져 있었는데 훈련을 통한 눈으로 결국 그 차이를 발견해냈다는 것이 아니다. '진짜 차이' 같은 것은 굿맨의 이론에서는 말할 수 있는 게 아닐 것이다. 우리가 가진 지식, 즉 하나가 진품이고 다른 하나가 위작이라는 우리의 앎에 상대적으로 작동하는 우리의 지각은 결국 차이를 '구성'하여 그것을 '볼' 것이고, 그러면 거기 차이가 '있는' 게 될 것이다.

실제로 〈엠마오 집에서의 저녁 식사〉가 위작으로 밝혀지고 25년 정도가 지난 뒤, 감식가들 대부분이 그것과 페르메이르 진품과의 양식적 차이점을 지각을 통해 손쉽게 찾아낼 수 있었다고 한다.

단토의 예술철학과 지각적 식별불가능성

단토는 굿맨 식 접근의 한계를 지적했다. 그에 따르면 위작은 존재론적 차원이 개입된 문제다. 위작의 문제는 지각적으로 식별할 수 없는 두 대상이, 하나는 예술작품이고 다른 하나는 그렇지 않은 문제, 즉 뒤샹의 〈샘〉이나 앤디 워홀의 〈브릴로 박스〉가 현대 미술에 제기한 문제와 궤를 같이한다.

〈샘〉을 만들기 위해 뒤샹이 선택한 변기 A와 그 바로 옆에서 뒤샹의 선택을 받지 못해 신분 상승의 기회를 놓치고만 불운한 변기 B 사이의 지각적 차이를 찾아낼 가능성은 영원히 없다고 보는 것이 옳다. 더 정확히 말하면 지각적 차이를 찾을 수도 있겠지만 이는 두 작품의 예술로서의 지위나 가치를 논하는 데 있어서 전혀 관련 없는 요소일 것이다.

단토의 견해가 옳다면 굿맨은 '두 작품이 지각적으로 식별 불가능하다'는 전제를 다소 안이하게 받아들인 셈이다. 기술의 발전으로 그야말로 완벽한 복제가 가능해진다면 이 경우 완벽한 복제품과 원본에 대해 굿맨 식의 논의를 적용하는 것은 의미 없어 보인다.

단토의 해결책은 이러한 완벽한 복제의 경우에도 우리가 복사본보다 원본을 선호할 분명한 이유가 있다는 점을 말해준다. 위작은 어쩌면 아예 예술이 아닌 것으로 보아야 하기 때문이다. 그러한 결론에 이르기까지는 굿맨의 경우와 마찬가지로 단토에게 있어서도 역시 그의 예술철학이 배경을 이룬다. 단토는 예술의 정의와 관련한 필요조건 중 하나를 제시한다. 예술은 해석을 요구할 자격을 가지고 있다는 점에서 다른 것들과 구별된다는 것이다.

예술은 언제나 그 자체가 아닌 다른 무언가에 관한 것이며, 작가는 그 무언가에 자신의 태도와 관점을 투사한다. 따라서 작품은 어느 정도의 '은유적' 구조를 갖게 되며, 그러한 특징으로 인해 작품은 해석의 대상이 된다. 그리고 이 해석을 위해 필요한 것이 예술 이론 및 예술사의 맥락이다. 앞서 우리는 창작의 기원과 그에 따른 성취가 작품의 본질적 요소 중 하나라는 견해를 보았는데, 단토에게는 이것이 결국 '해석을 요청함' 혹은 '해석될 자격이 있음'으로 귀결된다.

단토는 지각적으로 구별할 수 없는 작품이라도 서로 다른 이론적 배경에 의해 서로 다른 관점이 투사된 것이라면, 그래서 서로 다른 해석이 가능하다면 이는 당연히 서로 다른 두 개의 작품이라는 점을 역설한다. 단토의 저서 『일상적인 것의 변용』에 등장하는 사고 실험들은 이를 보여주기 위한 것이다.

단토의 가상 전시회에는 미니멀리즘 양식의 단색 색면화로 보이는 그저 온통 붉은 칠을 한 캔버스가 여럿 전시되어 있는데, 이것들은 서로 똑같아서 구분이 불가능하다. 그러나 실제로는 그중 〈붉은 사각형〉이라는 제목이 붙은 하나만이 단색 색면화이고, 나머지들은 기원과 의도, 양식과 은유적 구조가 각기 다른 작품들이다.

예컨대 〈홍해를 건너는 이스라엘인〉으로 불리는 붉은 캔버스는 철학자 키르케고르의 재치 있는 해설인 "이스라엘 사람들은 이미 다 건너갔고 이집트 군대는 다 빠져 죽은 때"의 바다를 형상화한 사실적(?)인 종교화다. 그리고 그 옆의 〈키르케고르의 기분〉은 그 해설에 덧붙여 "내 인생이

딱 이 모양이로군!"했다는 그 철학자의 심리 상태를 온통 붉은 칠을 하여 드러낸 표현주의 그림이며, 〈열반〉은 홍진紅塵의 사바세계를, 〈붉은 광장〉은 모스크바의 풍광을 그린 그림이라고 한다. 심지어 여기에는 무명 화가 J가 이 전시회의 구성에 대한 항의로 '내 붉은 캔버스는 왜 안 돼?'라는 직설적이고 얄팍한 의도로 출품한 〈무제〉라는 제목의 작품도 포함되어 있다.

단토는 이 캔버스들이 해석의 대상으로서 손색이 없으니 모두 예술작품이고, 게다가 서로 다른 해석이 붙는다는 점에서 서로 다른 예술작품이라고 말한다. 그러나 그 옆에 놓인, 누군가가 이제부터 그 위에 그림을 그리기 위해 밑칠을 해놓은 붉은 캔버스는 비록 앞에서 언급한 것들과 구별되지 않는 붉은 캔버스이지만 해석을 요청하는 것이 아니기에 예술작품이 아니라는 것이다.

이러한 단토의 예술철학을 배경으로 위작을 본다면 위작은 작가의 관점이 투사되어 은유적 구조를 드러내는 대상이 아니다. 예술사적으로 거짓된 맥락에 놓여 있는 위작은 마치 어떤 진술을 하는 것처럼 보이지만 이 진술은 결코 해석을 요청할 수 있는 진정한 진술이 아니다. 놀아달라고 조르는 고양이가 '집사'의 업무를 방해하기 위해 자판 위를 밟고 돌아다니다가 모니터에 기적적으로 "13인의아해가도로로질주하오"가 찍혔다고 하자. 그것이 이상 시인의 시처럼 해석을 요청할 자격이 있겠는가? 마찬가지로 위작은, 위작임이 드러나는 순간 '해석될 자격'을 잃게 되고 따라서 동시에 예술의 지위도 잃게 된다고 보아야 한다.

이를 우리의 패러독스 구조에 맞춰 해석하면 단토에게 전제 1)은 분명한 사실이다. 대신 그가 인정하기 힘든 주장은 두 작품의 미적 가치의 차이가 둘 사이에 지각적으로 식별할 수 있는 차이에 달려 있다는 2)일 것이다. 물론 미적 가치를 좁은 형식적 측면의 가치만으로 보느냐, 해석을 포함하는 넓은 것으로 보느냐의 문제는 있을 수 있다. 하지만 중요한 것은 단토에게는 예술로서의 지위를 결정하거나 어떤 종류의 예술인지를 결정하는 데 그 작품의 지각적인 측면이 결정적 역할을 하지 않는다는 점이다.

예를 들어 뒤샹의 〈샘〉은 '대담함'이나 '재치' 등의 미적 속성을 가지고 있지만, 이것은 우리가 알 수 있는 변기의 속성에 붙여진 게 아니라 미술사의 배경을 고려한 해석의 결과에 따른 것이다. 따라서 여느 변기가 〈샘〉과 시각적으로 동일하다고 해서 거기에 그러한 속성을 부여할 수는 없다. 만일 단토의 생각대로 위작이나 복사본은 그저 원본과 동일한 '물감 자국'일 뿐 예술이 아니라고 결정되면 위작과 진품의 가치 차이를 주장하는 3)을 받아들일 수 있다. 뿐만 아니라 그 결과 왜 우리가 대개 원작을 위작보다 더 선호하는지에 대해서도 충분한 답변이 된다. 위작에 대한 우리의 태도 변화는 정당하다.

단토의 이론과 위조 논의를 연결하면 현대 예술 정의 논의에 동원된 중요한 개념들, 즉 이론, 역사, 제도 등 예술을 둘러싼 관계적 맥락(예술계)에 대한 주목, 해석과 같은 비지각적 본질의 대두 등을 이해할 수 있다. 위작을 예술도 아닌 것으로 만들어버리는 단토의 결론은 원본과 똑같이 복사해낸 위작을 설명하는 경우라면 설득력이 있다.

하지만 〈엠마오 집에서의 저녁 식사〉 같은 양식적 위작에 대해서는 다른 직관을 가진 사람도 있을 수 있다. 특히 단토에게 해석이란 모든 것을 갖추고 풍부하게 전개된 전문 비평에서의 해석만을 지칭하는 게 아니라, 최소한 '무언가 다른 것에 관한 것이 됨' 정도로 이해할 수 있기에 더욱 그렇다.

마지막으로 위작이 촉발할 수 있는 존재론적 문제를 조금 다른 차원에서 조망해보자. 위작 시비는 주로 조형예술에서 일어난다. 음악의 경우 A의 공연을 B의 공연인 것처럼 위조하거나 한 음악가의 양식을 위조하는 것은 가능하지만, 음악작품 자체를 위조한다는 것은 개념적으로 불가능해 보인다. 음악작품의 위조가 가능한지를 논하려면 음악작품이 어떤 존재인가에 대한 논의가 선행되어야 한다.

음악작품은 여러 방식으로 예화instantiation될 수 있는 추상의 소리 구조라는 것이 일반적인 생각이다. 이러한 생각을 따른다면, 내가 기존의 작품과 똑같은 소리 구조를 만들어 그것을 그 작품인 양 행세하도록 한다고 해서 그 음악작품에 대한 위조가 달성되지는 않을 것이다. 왜냐하면 예를 들어 내가 쇼팽의 〈녹턴 1번〉 곡을 위조했을 때, 쇼팽의 〈녹턴 1번〉과 똑같은 소리 구조를 갖게 된 그 곡은 '위조된 〈녹턴 1번〉'이 아니라 그냥 쇼팽의 〈녹턴 1번〉일 것이기 때문이다. 사실 음악을 소리의 구조로 보면 이는 음악을 일종의 유형(타입)이나 추상적 보편자로 보는 것이고, 그렇다면 유형으로서의 음악작품은 발견될 수는 있어도 창조

될 수 있는 것이 아니다. 이 문제에 대한 논의도 중요한 예술철학의 주제이나 여기서 자세히 설명하기는 어렵다.

이제 복제의 기술과 관련된 존재론의 문제를 생각해보자. 사진, 영화, 컴퓨터 그래픽 등 무한한 기계적 복제를 가능하게 하는 예술 매체들의 등장은 분명 예술작품이 어떤 존재인가에 대한 우리의 생각에도 영향을 미칠 것이다. 예를 들어 복제 기술 중 하나인 녹음술은 음악작품이 무엇인가에 대한 우리의 생각을 바꿔놓을 수 있다. 단순한 '소리의 사건'을 기록한 것이 과거의 녹음이었다면, 오늘날의 녹음은 많은 기계적 조작을 통해 그 녹음에만 고유한 소리의 조합을 만들어내곤 한다.

과거에는 녹음과 음악작품에 대해 다음과 같이 생각하는 경우가 일반적이었다. 음악작품 〈녹턴 1번〉은 작곡가 쇼팽에 의해 창조된 소리 구조로서 추상적인 타입이다. 그 타입의 예화(토큰)에 해당하는 것으로 루빈스타인을 비롯해 수많은 피아니스트가 연주해 우리 귀에 들리는 수많은 〈녹턴 1번〉 연주가 있다. 그중 어느 한 〈녹턴 1번〉이 우연히(반드시 그날의 그 연주일 필요는 없었다는 의미에서의 우연) 녹음되어 이 음반에 실렸다. 이 녹음을 듣는 것과 밴 클라

이번의 녹음을 듣는 것, 그리고 조성진이나 손열음의 공연 실황을 현장에서 듣는 것은 모두 하나의 같은 작품인 〈녹턴 1번〉을 듣는 것이다.

그러나 샘플링, 믹싱 등의 기술에 의존하는 오늘날의 많은 음악작품, 특히 대중음악 작품들은 작곡이 아니라 녹음이 완성되었을 때야 비로소 '그 음악'이 만들어졌다고 할 수도 있다. 녹음 기술에 의한 조작과 목소리 왜곡이 많이 개입된 록그룹 퀸의 〈Bohemian Rhapsody〉 같은 예를 생각해보라. 중첩되게 녹음하는 오버 더빙은 록음악의 초창기부터 활용되었다.

극단적인 경우 녹음의 대상인 소리의 사건이 아예 존재하지 않는 사례도 있다. 비틀즈가 존 레넌의 사망 이후 내놓은 〈Free as the Bird〉나 내털리 콜이 자신의 아버지 냇 킹 콜이 생전에 남긴 녹음을 이용해 듀엣을 시도한 〈Unforgettable〉 같은 곡들이 그러한 경우다. 이 곡들은 공연이 있었고 그것을 녹음한 경우가 아니다. 오로지 녹음 기술에 의해 창조된 소리다. 이를 '녹음술의 예술'이라고 불러도 좋겠다. 이러한 경우라면 '그 노래'를 듣는 유일한 방법은 재생 버튼을 눌러 녹음된 그 노래를 다시 듣는 것뿐이다. 왜냐하면 엄밀하게 말해 '그 녹음'이 아니라면 '그 노래'가 아닐 수 있기 때문이다.

이렇게 되면 음악작품은 창조될 수도 소멸할 수도 없는 추상적 유형이 아니라, 정확한 창조 시점과 소멸 시점을 이야기할 수 있는 구체적인 녹음으로 그 존재론적 지위가 변한다. 이는 마치 음악이 사진이나 회화와 비슷해진 것으로 이해할 수 있다. 따라서 기존 음악작품에 대한 우리의 직관과는 달리, 음악은 복제되거나 위조될 가능성이 있는 존재로 변한다.

물론 이는 논쟁적이다. 백지영의 〈총 맞은 것처럼〉의 모든 녹음이 사라지면 이 세상에서 그 노래가 사라질 거라는 누군가의 우려 혹은 희망은, 저작권 수입에 문제가 생길 방시혁 대표 말고도 많은 사람들에게 여전히 의아하게 들릴지 모른다. 하지만 이 논의가 함축하는 것은, '그 음악'에 해당하는 대상이 엄밀하게 어떤 존재인가에 대한 우리의 뿌리 깊은 생각이 녹음이라는 기계 기술의 개입으로 인해 바뀔 수도 있다는 가능성이다.

녹음술로만 만들어진 음악작품에서 원본과 복사본의 구별은 무의미하다. 최초의 녹음으로 이루어진 〈총 맞은 것처럼〉의 원곡 혹은 '마스터 테이프' 같은 것이 존재할 것이다. 하지만 그것이 웨이브나 MP3 파일로 복제되어 내게 도달했다고 해서 내가 그 곡의 '사본'을 듣고 있는 것은 아니다. 내가 듣는 것은 〈총 맞은 것처럼〉 바로 그 곡이다.

만일 우리의 기술이 발전해 미래에 정말로 회화의 완전한 복제를 이루어낸다면 어떻게 될까? 예를 들어 〈모나리자〉가 완벽하게 복제 가능한 것이 되어 마치 〈총 맞은 것처럼〉의 원곡 녹음과 같은 위상을 차지하고, 그 〈모나리자〉로부터 완벽하게 복제된 〈모나리자〉가 내 방에 걸려 있다면? 그때도 우리는 여전히 〈모나리자〉의 사본을 보는 거라고 말할까? 아니면 '바로 그 〈모나리자〉'를 보는 것일까? 이는 당장 대답할 수는 없더라도 생각해보면 흥미로운 질문이다.

Q 묻고

A 답하기

미적인 것이란 무엇을 말하는가?

취미론에 따라 '미'가 '무관심적으로 지각했을 때 쾌를 주는 대상'으로 이해되자, 비례나 조화가 없는 대상도 우리가 무관심적이기만 하다면 쾌를 줄 수 있다고 인식되기 시작했다. 예를 들어 엄청나게 크고 위압적인 것, 우리의 유한한 감각과 지혜로는 그 전모를 모두 파악할 수 없는 거대한 대상도 그것이 우리를 위협하지 않아 무관심적 관조가 가능하다면 마음속의 즐거움으로 다가올 수 있다. 아마도 에베레스트의 준령이나 헤아릴 수 없이 많은 별이 쏟아져 내리는 밤하늘을 바라보는 경험들이 그러한 것이리라. 하지만 이때의 감동이나 즐거움에는 '아름다움'보다는 '장엄', '숭고', '거룩함' 같은 술어가 더 적절해 보인다.

우리 삶에서 더 쉽게 접할 수 있는 예를 들어보자. 봉제 인형을 닮은 작은 강아지 몰티즈를 보고 사람들이 즐거워한다면 그것을 '귀여움'이라고 부를 수 있다. 그러나 잘 손질된 윤기 나는 갈색 털과 늠름한 자태를 자랑하는 다 큰 골든레트리버를 보는 즐거움은 같은 종류의 즐거움이지만 '귀여움'과는 다른 반응이다.

여기서 중요한 것은 거룩함, 귀여움, 아름다움 등이 서로 구별되지만, 이들이 내게 즐거움을 불러일으키는 구조와 방식은 비슷하다는 점이다. 그 방식이란 우리가 전형적으로 미를 감상할 때와 같다. 즉 대상의 특정 속성(압도적 크기, 자그마함, 유려한 곡선)을 무관심적으로 주목할 때 내 안의 어떤 감수성(취미 혹은 인식 능력들의 유희)에 의해 특정 반응(쾌를 동반한 찬탄의 반응)이 일어난다.

이렇게 같은 방식으로 우리에게 쾌를 불러일으키는 경우들이 '미' 말고도 여럿 더 있기에 이를 가리키는 말로 채택된 것이 '에스테틱aesthetic'이다. 우리는 이것을 '미적/미감적/심미적'이라고 번역해 쓴다. 이는 또한 서구에서 미학을 부르는 이름 'Aesthetics'과 같다. 오늘날 미학자들은 가치로서의 미의 특징을 탐구한다기보다는 이를 포함하는 상위 범주인 '미적인 것'을 연구의 대상으로 삼는다.

미적인 것이라는 영역의 설정은 인간이 세계와 관여하는 방식을 이해할 때 고려해야 할 차원을 하나 더 인식한다는 의의를 갖는다. 귀여움이나 아름다움의 판단은 대상이 시추인지 몰티즈인지를 인식하기 위한 지성적 판단과는 다르다. 굳이 그 영역을 언급해야 한다면 감성의 영역이다. 이렇게 미적인 것은 지식이나 도덕과는 별개인 또하나의 독립적인 영역을 상정하게 해준다.

2부 _____

포르노그래피, 예술이 될 수는 없나?

─ 도덕적 논쟁과 미학적 논쟁

포르노그래피는 정말 도덕적으로 비난받아야 마땅할까? 포르노그래피도 예술이 될 수는 없을까? 포르노그래피는 법과 제도의 측면에서는 물론, 거기에 근거를 제공하는 철학적 차원에서도 충분히 다뤄볼 만한 논쟁적인 주제다.

논란이 있는 곳에는
철학이 필요하다

벽장에서 나온 포르노그래피

현대 사회에 살면서 포르노그래피를 모른다고 말할 수는 없다. '한 번도 안 본 사람은 없고, 한 번만 본 사람은 더욱 없는' 그러한 대상이 아닌가 싶기도 하다. 미국의 경우 남자의 절반 이상, 여자의 3분의 1 이상이 13세에 이미 포르노그래피에 노출된다는 통계가 있고, 그 범위를 18세 남자로 설정하면 통계치는 90퍼센트를 가리킨다고 한다. 혹자는 그 나머지 10퍼센트의 존재에 더 놀랄지도 모르겠다.

기존 연구들을 토대로 2012년에 발표된 숫자를 인용하면, 매년 1만 3000편의 하드코어 포르노그래피 영화가 출시되고(할리우드 영화 산업이 연간 400여 편의 영화를 제작한다고 한다), X등급 콘텐츠를 다루는 웹페이지는 4억 2000만 개에 이르며, 전 세계적으로 이 산업을 통해 벌어들이는 수익을 추산하면 연간 970억 달러에 이른다고 한다.

하지만 원초적 욕구에 기생하는 음지 산업의 존재를 인정할 수밖에 없다는 것과 그것이 철학이나 미학의 논의 대상이 될 수 있다는 것은 별개의 이야기 아닐까? 10여 년 전, 어떤 사적인 자리에서 당시에 쓴 포르노그래피에 관한 논문을 언급한 적이 있다. 같이 있던 철학과 선배 교수가 정색하고 "도대체 왜?"라고 물었다. 농담의 기색이라곤 없이 쳐다보는 그분의 표정은 우려와 질책과 연민의 복합체였다. 이렇듯 '바른 마음'을 가진 이에게는 여전히 공개적으로 입에 담기도 민망한 외설적 상품, 'B급'도 과분한 'X등급' 문화에 대해 사회학도 아닌 미학이 어떤 이야기를 해볼 수 있다는 것인가?

성과 젠더, 성적 취향에 관한 논의들이 그 어느 때보다 가시화되고 있는 것은 분명한 사실이다. 그동안 '있어도 없는 것'으로 취급되었던 많은 것들이 벽장문을 열고 쏟아져 나오는 중이다. 포르노그래피도 그중 하나다. 포르노그래피는 시대를 주도하는 대중 매체가 변화함에 따라 '선제적'

으로 변화하면서 그때마다 접근성을 배가시켰다. 사진을 중심으로 한 도색 잡지, 제한 상영관의 성인 영화, 홈 비디오와 케이블 TV를 거쳐 컴퓨터와 인터넷으로 진화해왔으며 최근의 가상현실 기술 역시 이미 차세대 포르노그래피를 위해 활용되고 있다. 특히 인터넷의 보급 이후 포르노그래피를 포함한 다양한 성적 표현물에 대한 접근은 획기적으로 쉬워졌다. 성에 대한 개방적 태도와 맞물려 성적 표현의 허용 범위에 대한 기준도 점차 너그러워지는 듯하다.

그 결과 내밀한 사적 영역에 머무르며 금기시되던 과거에 비해, 포르노그래피의 존재와 심지어 자신이 그것을 소비하고 있다는 사실에 대한 공공연한 언급까지도 자연스럽게 일상 대화에 등장하고 있다. 광고나 뮤직비디오에서의 선정적 표현은 더 잦아지고 더 거침없어지고 있으며, 그 구체적 내용 중에는 큰 거부감 없이 포르노그래피의 클리셰를 의도적으로 차용하는 것들도 있다. 혹자에게는 민망함을 넘어 사악하고 위험한 이 대상이 '포르노'니 '야동'이니 하는 약칭으로 불려도 좋을 만한 가볍고 일상적인 것으로 변하고 있는 것이다. 바로 이 같은 상황이 철학을 부른다. 이러한 완화된 경계심은 받아들여도 괜찮은 것일까?

현대 사회에서 낙태나 '자비사慈悲死'에 대한 윤리적 논쟁 못
지않게 포르노그래피에 대한 규제를 옹호하거나 반대하는
주장들도 꾸준히 제기되고 있다. 최근에는 그 논쟁의 양상
이 1970~80년대만큼 격렬하지는 않아 보이지만, 그 이유가
어느 한쪽의 우세로 이 문제가 종결되었기 때문은 아니다.

　영어권에서는 포르노그래피를 '폰porn'으로 줄여 부르기
도 하는데, 이러한 현상조차 불편해하는 반-포르노그래피
진영이 여전히 굳건하게 존재한다(이것이 마치 '윌리엄'을 친
근하게 부를 때 '윌' 혹은 '윌리'라고 하는 것과 유사하다면, 사회
적으로 용인되어선 안 될 것에 '애칭'을 부여하는 일에 분개하는
것은 이해할 만하다). 반면 다른 편에서는 '무해한' 포르노그
래피라면 허용될 수 있어야 한다고 맞선다. 포르노그래피
에 대한 반대는 보수적인 종교인과 급진적인 여성주의자
가 뜻을 같이할 수 있는 유일한 주제일지도 모른다.

　물론 결론은 같은 주장이더라도 그 이유는 당연히 다를
수밖에 없다. 비록 보수적인 성 윤리를 내세워 노골적인 성
표현이 초래하는 '미풍양속'의 파괴를 지탄하는 전통적 입
장이 점차 수세에 몰리고, 성의 개방과 표현의 자유를 앞세

운 자유주의자들의 주장이 득세하고 있지만 이는 이 논쟁의 전반전만을 본 관전평이다. 성 평등과 여성의 인권에 기초한 날카로운 반격이 만만치 않다. 이렇게 포르노그래피는 법과 제도의 측면에서는 물론, 거기에 근거를 제공하는 원론적인 차원에서도 여전히 논쟁적이며, 따라서 철학과 윤리학이 다루기 적절한 주제다.

그러나 포르노그래피처럼 논쟁적인 대상은 주어진 대상을 포르노그래피로 간주해야 할지 말지identification부터, 어떤 속성을 가졌기에 그렇게 해야 한다고 생각하는지definition에 이르기까지 모두가 불명확해 보이기도 한다. 과연 우리가 '포르노그래피'라는 말로 공통된 대상을 지칭하는지 의문스러울 때도 있다.

예를 들어 다음과 같은 경우도 있다. '모든 포르노그래피는 규제해야 한다'라는 주장에 찬반으로 대립하는 두 입장이 있다. 한쪽은 '포르노그래피'란 도덕적으로 문제가 있는 대상만을 지칭하는 말이라고 믿기에 이 주장에 찬성한다. 다른 한쪽은 포르노그래피라고 불리는 것 중에는 도덕적으로 문제가 있는 것도 있고 그렇지 않은 것도 있다고 믿기에 '모든' 포르노그래피를 규제할 필요는 없다는 생각에서 이 주장에 반대한다.

그렇다면 이 두 입장은 실질적으로 전혀 대립할 필요가 없는 것일 수 있다. 둘 다 도덕적으로 문제가 있는 것은 규제해야 한다는 데 동의하지만, 무엇을 포르노그래피로 부를지에 대해서만 생각이 다른 것이다. 이러한 문제를 피하기 위해서도 포르노그래피의 '본질'(만일 그러한 것이 있다면)에 대한 논의가 필요하다.

따라서 여기에서는 우선 철학이 다루기 적절한 주제로서 포르노그래피의 본질과 정의에 대한 문제, 그리고 그것과 이어진 포르노그래피의 윤리적 문제점들에 대한 논의를 소개해보겠다. 진지한 예술이 되었건 상업적 예술이 되었건 성과 젠더에 대한 노골적인 표현이 드물지 않은 요즘 세상에서, 그렇다면 포르노그래피도 예술이 될 수는 없는지에 대한 미학적 논쟁을 이어서 다루어보겠다.

이쯤에서 사족을 조금 붙여야겠다. 당연한 이야기지만 여기에서의 포르노그래피에 대한 논의는 부분적이다. 우선 우리 사회의 성 문화 전반에 대한 진단과 그 '바람직한' 방향성에 대한 거시적 안목 같은 것을 전제한 논의가 아니므로 부분적이다.

흔히 포르노그래피에 대한 학술적 논의를 한다고 하면 사람들은 우리 사회의 성에 대한 인식 전반을 주제로 하는 사회·정치적 비판을 기대하는 것 같다. 포르노그래피를 포함한 성의 상품화와 그것의 뿌리가 되는 말초적이고 선정적인 자본주의 문화 상품의 문제점을 비판하고, 그럼에도 불구하고 성과 성적 표현에 대한 자유는 보장되고 확대되어야 한다는 소위 '진보적 방향성' 같은 것 말이다.

그 목적을 위해 이런 논의들은 '진정한 성'을 내세워 포르노그래피의 성을 '가짜'로 규정하기도 하지만, 반대로 포르노그래피에 대한 부정적 시각을 우리 사회의 성에 대한 가식적이고 건강하지 않은 이중적 태도라고 지적하기도 한다. 심지어 포르노그래피로부터 전복적이고 우상 파괴적인 성격을 읽어내려는 경우도 있다. 이 글에는 그러한 의도된 방향성은 없다. 사실 이제부터 해보려는 이야기가 바로 그러한 이데올로기적 지향을 가진 논의에 뛰어들기 전에 필요한 합리적 분석의 단계일 수 있다.

여기서의 논의가 부분적일 수밖에 없는 두 번째 이유는, 그러한 합리적 논의라고 전개한 것도 이성애자 남성의 시각을 전제로 한 것이기 때문이다. 이성애자 남성의 합리성이 여성이나 동성애자의 합리성과 다를 수도 있다는 생각에서가 결코 아니다. 성이나 몸과 같은 사적인 측면을 다루다 보면 크건 작건 자신의 체험 밖으로 나가 다른 입장이 되어보는 것의 한계가 있고, 그로 인해 미처 살피지 못한 부분이 있으리라 예상하는 것이 합리적이기 때문이다. 물론 현재 유통되는 대부분의 포르노그래피가 이성애자 남성을 소비층으로 한다는 사실은 부인할 수 없다.

포르노그래피인가, 음란물인가

앞에서 이야기했듯이 포르노그래피는 그것이 무엇인지를 규정하는 데서부터 논쟁을 피해갈 수 없는 주제다. 인구에 회자되는 미국 대법원 포터 스튜어트 판사의 "보면 압니다 I know it when I see it"라는 말이 등장한 맥락도 포르노그래피란 무엇인지를 규정하는 대목에서였다. 1958년의 프랑스 영화 〈연인들〉은 미국에서 개봉되었을 당시 외설 시비에 휘말렸다. 오하이오 주 법원은 이 영화를 상영한 극장주를 외설죄로 처벌하고자 했다.

1964년, 이 판결이 대법원에서 뒤집힐 당시 스튜어트 판사는 표현의 자유에 반해 공권력이 규제할 수 있는 것은 하드코어 포르노그래피뿐인데 〈연인들〉은 여기에 해당하지 않는다면서, 무엇이 하드코어 포르노그래피인지는 말로 설명할 수 없지만 하여간 "내가 보면 그건지 아닌지는 알 수 있다"는 취지의 의견을 냈다. 이 '주관적 기준'이 이 문제에 관해서는 유일하게 '현실적이고 솔직한 기준'이라고 자조적으로 평하는 사람도 있다.

물론 스튜어트 판사의 의도는 자기 자신이 포함된 우리 사회에 존재하는 관행을 지적하는 것이었으리라. 그러나 이 말은 또한 포르노그래피를 대하는 남성의 전형적인 신체 반응을 염두에 두고 '보면 몸이 반응한다'로 해석될 여지가 있다. 그래서 사람들이 더욱더 재미 삼아 판사의 솔직함까지 거론하며 인용하는 게 아닌가 싶기도 하다.

우리나라의 경우, 대상을 확정하는 일뿐 아니라 용어를 정의하는 것조차도 간단하지 않아 보인다. 사실 한국에서 포르노그래피는 공식 용어가 아니며, 대신 공적으로 이러한 부류를 지칭하는 용어는 꽤 오랫동안 '음란물'이었던 것 같다.

하지만 포르노그래피는 구체적인 사물들을 묶는 장르의 이름이어서 '음란'이나 '외설' 같은 대상의 속성을 가리키는 말로 지칭하기 어렵다. 물론 이는 우리말에 없는 외래 어휘가 겪는 공통적인 문제이므로 '음란물' 같은 용어를 만들고 이 용어를 '이러저러한 것을 가리키는 말로 쓰기로 하자'는 식의 약정적 정의stipulative definition를 도입할 수 있다. 그렇다면 문제는 이 약정 안에 무엇을 넣는가 하는 것인데, 이는 잠시 뒤에 보기로 하자.

그런데 '음란물'은 약정적으로 사용하기에도 곤란한 것이, 포르노그래피라고 일컫는 대상의 공통점이 음란인지부터 논란이 있을 수 있다. 더하여 이것이 가치중립적 지시어라기보다는 외설과 마찬가지로 대상을 이미 부정적인 가치를 가진 것으로 평가하는 용어인 것도 문제다. 부정적 가치 평가는 논의의 끝에 도달할 수 있는 결론 중 하나이지 논의를 시작하기 전에 미리 전제할 수 있는 것은 아니다. 또한 그 결론이 입증되어 포르노그래피는 가치중립적으로 정의할 수 없고 반드시 부정적인 가치의 본성을 지닌다는 점을 받아들인다 하더라도 그 부정적 가치가 반드시 음란은 아닐 수도 있다.

지칭하는 대상의 종류로 본다면 음란물은 우리가 논의하고자 하는 포르노그래피의 사례들이 아닌 더 광범위한 것들까지 포함할 수 있다. 예를 들어 우리나라 대법원은 남성 자위를 위한 모조 여성 성기를 음란물로 규정한 바 있으나 이것이 포르노그래피는 아니다. 즉 음란물은 글이나 그림 이외의 것에도 적용될 수 있다고 보는 데 비해, 포르노그래피는 재현적인 콘텐츠를 지닌 대상만을 지칭한다.

우리에게는 '도색 사진', '춘화', '성인물' 등의 은유적이고 점잖은 어휘들이 있지만 바로 그 은유적인 성격으로 인해 이들이 공식 용어가 되기는 어려울 것 같다. 특히 포르노그래피의 경우에는 성이 표현되는 정도가 노골적이라는 사실이 핵심인데, '도색'의 경우에는 그 정도에 대한 지칭이 모호해서 그저 '에로틱'한 것과 '포르노그래픽'한 것을 구별하지 못할 수도 있다.

최근의 관행상 '야한 동영상'의 줄임말인 '야동'이 인터넷 포르노그래피의 지칭어로 거의 자리를 잡은 것 아닌가 싶기도 하지만, 이 역시 '야하다'는 말의 의미가 살아 있는 한 대체어로 보기는 어렵다. 포르노그래피로 볼 수 없는 많은 것들도 성적인 암시가 농후하면 '야하다'라고 할 수 있고, 반대로 일부 포르노그래피의 노골적인 표현의 경우 그것을 그저 '야하다'라고 부른다면 '의도적인 순화'의 혐의가 있는 것처럼 보일 수도 있다. 다만 '야하다'는 의미를 탈

각시키고, 최소한 일부 동영상 형태의 포르노그래피를 지칭하는 말로 '야동'을 새로운 어휘인 것처럼 도입하는 것은 어쩌면 더 가능성 있는 접근법일 수 있다.

이러한 사정들로 인해 우리는 여기서 계속 포르노그래피라는 용어를 사용하고자 한다. 굳이 해당하는 우리말을 정해야 한다면 '노골적인 성 표현물' 같은 직설적 용어일 수밖에 없을 것이다. 여기에 우리나라에서 합법으로 허용하느냐 아니냐의 구분을 도입한다면 성적 표현이 노골적이더라도 성인들에게는 문제될 게 없는 포르노그래피를 '성인물'로 부르고, 반면 성인들에게도 불법인 포르노그래피(하드코어 포르노그래피, 스너프 필름, 아동 포르노그래피 등)는 여전히 '음란물'로 부르는 방법도 가능하다.

'주어진 대상이 포르노그래피인가?'라는 질문은 두 가지로 이해할 수 있다. 하나는 우리의 관행에 대한 질문이다. 즉 우리는 실제로 주어진 대상의 내용과 형식을 판단해 이를 포르노그래피로 분류하는 관행을 가지고 있는가를 묻는 것이다. 이는 공동체를 구성하는 나와 내 주변 사람들의 반응을 예측함으로써 답변할 수 있다. 앞서 언급한 스튜어트 판사의 소신도 여기에 해당할 것이다. 그는 자신이 아는 한 우리가 가진 관행은 〈연인들〉을 포르노그래피로 보지 않는다는 것이다.

비록 어느 관행을 적용할지 애매하거나 기존의 관행으로 포섭하기 어려운 '경계선'에 선 대상들이 있기에 모든 경우마다 답이 가능한 것은 아니더라도, 원칙적으로는 그렇다. 이러한 기준에서 우리는 《플레이보이》나 《허슬러》 같은 잡지에 등장하는 성기 노출이 포함된 사진이나 성행위 사진, 노골적인 성행위만을 다루는 일본 성인 비디오 등을 전형적인 포르노그래피(성인물)라고 분류한다. 그러나 폭력적이거나 전혀 순화되지 않은 성적 재현으로 대다수 사람의 가치관과 심각하게 상충하는 소위 하드코어 포르노그래피도 역시 전형적인 포르노그래피(음란물)에 포함된다.

하지만 같은 질문을 이해하는 또 다른 방식이 있는데, 가령 우리가 위의 일본 성인 비디오들을 전형적인 포르노그래피로 분류하는 관행이 옳은가를 묻는 것이다. 이는 과연 무슨 근거에서 그들을 포르노그래피로 분류하는가 하는 질문이다. 이를 위해서는 관행 이상의 무언가가 필요하다. 이럴 때 요청되는 것이 정의^{definition}다.

포르노그래피를 정의할 수 있을까? 가능하다고 생각하

는 사람들은 대개 다음의 두 요소를 필요조건으로 본다. 첫째는 그것이 글이건 이미지이건 그 내용에 있어서 성이 가려지는 것 없이 노출되어야 한다. 물론 어느 만큼이 노골적인 성적 노출인지는 시대, 문화, 문맥에 따라 차이가 있다. 발목을 드러내는 것만으로도 성적 노출이라고 생각한 시대가 있었다면, 성기가 드러나더라도 노골적인 성적 노출이 아닌 문맥도 있을 것이다.

그렇다고 해서 모든 것이 문맥 상대적이기 때문에 포르노그래피의 내용을 규정하는 노출의 특징이 없다고 강변할 수는 없다. 대부분의 문맥에서 노골적인 성적 노출로 간주될 수 있는 것들은 또한 분명히 존재하기 때문이다. 성교 행위, 남녀의 성기 등이 거기에 해당할 것이다. 따라서 아무리 '야한' 상상을 하게 해도 남녀의 베드신이 파도치는 절벽이나 어항 속의 금붕어 장면으로 이행되는 경우라면 포르노그래피는 아니다. 성애를 다룬 에로틱한 예술은 가장 흔한 예술적 소재의 하나일 테고 역사상 언제나 존재해 왔다. 우리는 이들을 포르노그래피와 구분하는 관행을 가지고 있다. 따라서 이들과 별개인 포르노그래피는 성이 노골적으로 드러나는 것을 핵심 조건으로 한다.

하지만 성을 노골적으로 묘사하고 재현했다고 해서 바로 포르노그래피가 되는 것은 아니다. 의학 서적의 적나라한 생식기 사진들이 포르노그래피는 아니지 않은가. 따라서 노출된 성행위나 성기의 재현이 보는 이에게 성적인 흥분을 일으킬 것을 최우선의 목적으로 한다는 두 번째 조건이 필요하다. 다른 정치적 혹은 예술적 목적이 우선인 작품이 부수적으로 성적 흥분을 불러일으키는 경우, 그것들은 보통 포르노그래피로 간주되지 않는다. 물론 작가의 의도나 작품의 의도가 매번 명백한 것은 아니어서 논란이 되는 경우가 적지 않지만, 논란의 여지가 없는 사례들도 많다. 제프 쿤스Jeff Koons의 〈메이드 인 헤븐Made in Heaven〉처럼 포르노그래피와 구분되지 않는 외관을 갖추었음에도 포르노그래피에 대한 패러디로 보는 게 더 타당한 경우라면, 이 '최우선의 목적' 조건이 충족되지 않는다는 이유로 포르노그래피는 아니라고 설명할 수 있을 것이다.

이제 이상의 두 조건을 결합하면 '전형적인 포르노그래피는 그 내용 면에서 성적으로 노골적인 신체 부위, 자세, 행위의 재현이며, 그 제작 의도(목적) 혹은 효과 면에서 보는 이의 성적 흥분을 최우선의 목적으로 한다'는 정의가 도출된다. 이것이 철학자 버나드 윌리엄스$^{Bernard\ Williams}$가 위원장으로 활동했던 영국 정부의 위원회에서 1983년 '외설과 영화 검열'이라는 보고서를 작성하면서 채택한 정의다.

이는 '내용-기능 정의'로 불리면서 이후 많은 논의에서 포르노그래피에 대한 기술적^{descriptive} 혹은 가치중립적 정의로 받아들여졌다. 이는 가치 없음, 외설적임, 예술적으로 정당화될 수 없음 등과 같은 규범적^{normative} 요소들을 정의에서 최대한 배제한 것이다.

이러한 정의에 대해 몇 가지 반례가 제시되기도 했다. 그러나 보다 심각한 비판은 내용-기능 정의가 추구하는 가치중립성이 포르노그래피에 대한 올바른 성격 규정이 아니라는 반론이다. 포르노그래피의 개념 속에는 무언가 본유적으로 나쁜 것이 포함되어 있어야 한다고 믿는 사람들은 가치 평가적인 측면이 배제된 중립적인 정의는 오히려 이에 대한 왜곡된 이해를 부추긴다고 주장한다. 포르노그래피의 윤리적 문제와 함께 이 문제를 살펴보자.

포르노그래피에 도덕적
잣대를 들이댄다면

우리 주변에서 벌어지는 포르노그래피에 관한 찬반론에는
두 가지 서로 다른 윤리적 차원이 개입되는데, 이 점은 자
주 간과된다. 그 하나는 포르노그래피 자체의 도덕성에 관
한 것이고, 또 하나는 포르노그래피의 사회적 허용 혹은 금
지인 검열에 관한 문제다. 우리는 '포르노그래피는 도덕적
으로 비난받아야 할 것인가?'라는 질문을 던질 수 있으며,
이와는 다르게 과연 '검열이라는 수단을 통해 국가가 포르
노그래피의 문제에 개입하는 것이 도덕적으로 정당한가?'
를 물을 수도 있다. 이 둘은 밀접하게 연관되어 있지만 엄
연히 별개의 질문이다.

흔히 포르노그래피 논쟁의 낯익은 부분은 후자, 즉 우리 사회에 그러한 것들을 허용할 것이냐, 아니면 규제할 것이냐를 놓고 벌어진다. 그리고 그 이유로 포르노그래피의 도덕적 문제점이 주로 거론된다. 포르노그래피의 도덕적 문제점을 인식하기만 하면 포르노그래피 규제는 그로부터 바로 따라 나오는 결론이라고 생각하기도 한다. 물론 도덕적 문제는 검열을 지지할 좋은 이유다. 하지만 그 연계가 자동적인 것은 아니다.

예를 들어 공리주의적 입장에서, 비록 포르노그래피는 도덕적으로 문제가 있지만 그로 인해 검열을 도입한다면 더 큰 사회악을 초래할 수도 있다고 생각한다면 포르노그래피에 대한 사회적 관용을 주장할 수 있다. 이러한 입장은 단지 논리적 가능성이 아니라 포르노그래피 검열에 반대하는 이들이 실제로 채택해온 전략이다. 이들의 논리는 흔히 '포르노그래피는 나쁘지만, 검열은 더 나쁘다'로 요약되기도 한다.

하지만 이 둘이 아무리 별개의 논의라 하더라도 만일 포르노그래피가 그 자체로 비도덕적이라는 사실이 확보되기만 한다면 이는 검열 옹호의 매우 유력한 근거가 될 수 있다. 따라서 우선 포르노그래피 자체가 도덕적으로 문제를 가지고 있는지부터 살펴보기로 하자.

포르노그래피는 어떤 '나쁨'을 가지고 있는가? 존 스튜어트 밀John Stuart Mill은 『자유론』에서 소위 '해악의 원리harm principle'라고 알려진 원칙을 제시한 바 있다. 이에 따르면 개인에게 주어진 행위의 자유를 다른 이들이 제한할 수 있는 유일한 이유는 타인이 자신에게 가하는 해악으로부터 자기 자신을 보호하기 위한 정당방위뿐이다. 마찬가지로 사회나 국가의 권력이 그 사회 구성원 개개인들의 행위를 통제해도 정당한 경우는 그것이 사회의 다른 구성원들에게 끼치는 해악을 막으려는 목적이 있을 때뿐이다. 이 원리에 따라 타인에게 끼치는 해악을 기준으로 도덕적으로 비난받을 행위를 결정한다면, '포르노그래피가 비도덕적인가?'의 질문은 이제 '그것이 어떤 의미에서 누구에게 해악을 끼치는가?'의 문제로 이해할 수 있다.

사실 노골적인 성 표현은 어떤 의미에서는 그 자체만으로도 그것을 보는 사람에게 해를 끼칠 수 있다. 예를 들어 노골적인 성 표현이 그것을 접하고 싶지 않은 사람에게 제공되었을 경우, 그것이 노골적이라는 이유만으로 그 사람에게 불쾌감 혹은 성적 수치심을 불러일으킬 수도 있다. 포르노그래피에 대해 전통적으로 '외설'이나 '음란'의 혐의가 있다고 비난하는 사람들이 거론할 수 있는 해악이 바로 이러한 불쾌감, 혐오감, 수치심일 것이다. 하지만 불쾌감을 주는 것이면 무엇이든 비도덕적인 것으로 치부할 수는 없다. 최소한 그러한 해악이 충분히 보편적이고 개연적이라는 것을 보여야 하며, 또한 단순한 기분의 차원을 넘어 실질적인 해악이라는 것도 보여야 한다.

실제로 앞서 언급한 윌리엄스 위원장은 성행위란 철저하게 사적인 것이라는 우리의 보편적인 생각은 쉽게 무시되어서는 안 될 인간의 기본적 태도이며, 따라서 그러한 사적인 행위가 공적으로 재현된 데서 경험하는 혐오감은 단순한 취향의 차이를 넘어서는 매우 심각하고 보편적인 심리적 반응이라는 점을 강조한다. 즉 포르노그래피가 인간성 전반에 끼치는 해악은 보편적이고 실질적이며 심각하다는 것이다.

하지만 이러한 논지가 얼마나 설득력을 발휘할지는 의심스럽다. 예를 들어 내장이 드러나는 외과 수술 장면이나 매우 기형적인 인간이나 동물의 모습을 대하는 우리의 반응도 단순한 취향의 차이를 넘어 심각하고 보편적인 불쾌감이라고 주장할 수 있다. 이러한 장면의 재현들 또한 외설적이라고 강변할 수도 있겠지만 그럴 경우 외설과 비도덕성의 연계가 의심스러워진다. 이들이 외설이라는 이유로 비도덕적이라고 생각되지는 않기 때문이다. 더욱이 노골적인 성 묘사가 사회 전반 혹은 사회 구성원들 대다수에게 불쾌감을 유발할 개연성이 높다고 주장하려면 사회 구성원의 대다수가 이러한 노골적인 성 묘사를 원치 않는다는 전제가 필요하다. 윌리엄스의 주장에도 불구하고 외설죄가 입법화되었던 19세기 중엽이라면 몰라도 이것이 오늘날까지도 사실이라고는 믿기 어렵다.

만일 이것이 여전히 사실이라 하더라도 성 표현의 자유화와 개방화의 추세 속에서 해악을 초래할 만큼의 노골적 표현의 기준은 변하게 마련이다. 어느 만큼의 노골적 표현이 대다수에게 해악을 주느냐의 기준을 결정하는 문제는 쉽지 않다. 사회적 통념(사회의 건전한 대다수에게 수치심을 불러일으키는 것)과 같은 기준은 선결문제 요구의 오류(건전한 사람이란 곧 노골적인 성 표현을 보고 수치심을 느끼는 사람이라고 할 때의 오류)를 범할 우려가 있으며, 아니라 해도 분명 작위적이다.

비록 작위적일망정 법이나 제도의 실용적 목적을 위해서는 기준으로 기능할 수도 있다. 하지만 도덕성의 잣대로는 회의적이다. 한 예로 이러한 기준은 특정한 성애sexuality, 예를 들어 동성애에 반하는 것으로서의 이성애를 '대다수'라는 이름으로 표준적이거나 도덕적으로 옳은 것으로 상정하고, 나머지 성애를 '사회의 건전한 대다수에게 수치심을 주는' 일탈적이고 변태적인, 그래서 비도덕적인 행위로 만들어버릴 염려가 있다.

특정한 방식의 성행위가 다수의 사람에게 '역겹게 느껴질' 수 있고, 그러한 반응이 보편적이고 개연적이며 심각하다는 동의까지 얻어냈다 하더라도, 그것이 그 행위의 도덕성을 판단하는 적절한 기준일 것 같지는 않다. 비록 동성애나 어떤 특정한 성행위가 비도덕적이라고 주장하고 싶더라도 그 이유가 단순히 대다수 사람에게 주는 혐오감 때문일 수는 없다는 것이다.

사실 과연 모든 성애가 동등하게 '정상'이며 '자연스러운' 것이냐, 아니면 변태로 규정할 수 있는 성욕과 성애가 있느냐의 문제는 '다수결'의 문제는 아니라고 보지만 그렇다고 '뭘 해도 정상'은 아닐 수 있다. 토머스 네이글^{Thomas} Nagel 같은 철학자는 이것을 성욕과 성애의 본질이 무엇인지에 비추어 결정할 수 있는 문제라고 보았다. 그는 '변태 성욕'을 주제로 한 논문에서 성애와 성욕을 규정하는 본질이 있고, 그것은 '상호적인 것', 즉 '상대방의 성적 흥분을 통한 성적 흥분' 같은 것이라고 주장한다.

따라서 그는 '대다수가 싫어함'은 적절한 기준이 아니지만 성애의 본질을 구현하지 못하는 성애, 예를 들어 관음증 같은 것(상호적이 아니라 일방적이다)은 변태적인 것으로 보아도 좋다고 말한다. 당연히 동성애는 여기 해당하지 않는다. 물론 이 같은 주제에 과도하게 지적 분석을 시도하는 것을 달갑게 여기지 않는 측에서는 성애에 본질이 있다는 생각에 동의할 수 없다고 한다.

어찌되었건 지금까지의 논의를 통해 전달하고자 한 것은, 노골적 성 묘사가 주는 불쾌감을 포르노그래피가 주는 해악으로 상정해 이것을 도덕적 결함과 연결시키려는 시도는 현대에 와서는 성공하기 어려울 것 같다는 점이다. 그러나 포르노그래피의 해악을 지적하는 근거가 반드시 그것이 노골적인 성 묘사라는 사실로부터 나와야 하는 것은 아니다. 후반전을 시작하자.

포르노그래피와 성차별주의

포르노그래피의 해악을 보는 다른 측면은 이것이 사회적
소수에 대한 차별주의, 특히 성별에 의한 차별주의sexism에
연계되어 있다는 점을 부각시킨다. 남성 중심의 사회 구조
에서 여성은 여전히 사회적 소수다. 성별, 나이, 인종, 국적,
성애의 편향 등에 의해 인간의 기본 권리가 침해될 수 없
고, 그러한 차이에도 불구하고 인간으로서의 삶에 평등한
기회가 보장되어야 한다는 생각이 우리의 보편적 도덕관
이라고 해보자. 그렇다면 성차별주의의 주장과 그에 근거
한 행위는 흑인에 대한 백인의 차별로 가장 잘 알려진 인종
주의racism와 더불어 도덕적으로 비난받을 근거가 분명하다.

만일 포르노그래피가 어떤 이유로든 이와 같은 성차별
주의적인 생각과 행동을 조장하거나 전파하거나 강화한다
면 이는 도덕적으로 비난받을 만한 충분한 해악에 해당할
것이다.

이러한 식으로 이해되는 포르노그래피는 의식적이건
아니건 힘을 가진 사회적 다수가 소수의 인권을 상대로 끼

치는 해악으로 볼 수 있는데, 이 점에서 외설과 구별될 수 있다. 외설이나 음란은 포르노그래피의 문제를 소수의 파렴치한이 그러한 취향을 공유하지 않는 다수의 선량한 시민들에게 끼치는 해악의 측면에서 접근하는 것이다.

그러나 성차별이 문제로 제시된다면 포르노그래피의 비도덕성과 나아가 검열의 정당성의 근거가 불쾌감이나 혐오감에 기초한 다수의 권익 보호라는 차원을 떠나, 평등과 기본권에 기초한 소수의 권익 보호라는 차원으로 옮겨오게 된다. 이는 심각한 도덕 기준에 따른 문제 제기로 성에 대한 자유주의자 입장에서도 신경 쓸 수밖에 없는 반론이다.

그렇다면 이 경우 여성에 대한 해악의 구체적인 내용은 무엇인가? 가장 먼저 떠오르는 것은 포르노그래피가 사회에서 실제로 일어나는 여성에 대한 성적 폭력에 직접적인 인과관계를 맺고 있는 것 아닌가 하는 생각이다. 즉 포르노그래피와 접촉한 남성들은 그 접촉으로 인해 포르노그래피에서 재현되었던 여성에 대한 비하, 폭력, 학대 등을 실제로 여성들에게 행사한다는 것이다.

포르노그래피에 반대하는 진영의 조급한 마음은 이해

할 수 있다. 그러나 이러한 인과관계에 대한 경험적 증거를 확보하는 일은 마음처럼 쉽지 않을 것 같다. 포르노그래피가 오히려 성폭력을 감소시킨다는 연구 결과도 있을 정도이니 말이다. 대개 이러한 주제에 관한 경험적 연구가 원론적으로 그런 특징을 갖는다. 예를 들어 TV나 영화의 폭력물들이 실제 사회의 폭력 증가에 인과적 영향력을 행사하느냐 하는 해묵은 문제도 결론을 확정할 연구 결과가 나올 수나 있을지 알 수 없는 일이다.

이미지가 우리의 생각과 태도와 행위를 변화시킬 만큼 강력한 힘을 보유하고 있다는 것을 인정하고 경계할 수 있겠지만 개인마다 다른 마음 구조와 사회적·심리적·지적 능력의 차이 등을 고려할 때 그러한 직접적인 연계를 발견할 가능성은 그리 낙관적으로 보이지 않는다.

하지만 포르노그래피가 여성에 대한 성적 폭력과 부적절한 취급의 증가에 직접적으로 영향을 미친다는 주장을 당장 증명하기 어려운 것으로 양보하더라도, 대신 포르노그래피가 간접적으로 이러한 일에 관여한다는 것은 현재 상황에서도 좀 더 설득력 있는 주장일 수 있다. 이러한 주장에 따르면 포르노그래피는, 예를 들어 여성은 남성의 성적 욕구 충족을 위해 존재한다든가, 강간과 같은 폭력적인 고통과 능욕을 통해서도 즐거움을 느낀다든가, 나아가 그런 식으로 취급되기를 바란다든가 하는 식의 메시지, 혹은 더 보편적으로 그러한 성차별적 관점과 태도를 담고 있는 것이다.

대표적으로 이러한 입장을 취하는 페미니스트 안드레아 드워킨Andrea Dworkin과 캐서린 매키넌Catharine MacKinnon은 여성이 단지 성적 대상인 것만으로 묘사되고, 이를 통해 남성 우월의 성차별적 생각을 전파하고 강화하는 것이 모든 포르노그래피가 갖는 일반적인 해악이라고 주장한다. 1960~70년대 미국 여성주의 운동의 대변인이었던 글로리아 스타이넘Gloria Steinem은 포르노그래피의 메시지는 "폭력과 지배와 정복"이며 "섹스가 불평등을 강화하기 위해" 쓰이는 경우라고 규정한다.

포르노그래피는 성에 관한 것이 아니라 기실은 권력power에 관한 것이며, 남성에 의한 지배와 여성의 복종을 신비롭고 에로틱한 것으로 미화해 그러한 생각과 태도를 전파하는 것이라고 보는 시각도 있다. 이렇게 전파된 생각과 태도는 결국 현실에서 여성에게 해악을 주는 행위들로 나

타날 것이므로, 이러한 보다 큰 맥락에서 보면 포르노그래피가 여성에 대한 해악을 최소한 간접적으로 초래하고 있는 것은 명백하다는 게 이들의 주장이다.

이때 성차별적 메시지의 전파를 통해 그것을 접하는 이들이 도덕적으로 부적절한 성차별적 이데올로기를 '새롭게' 채택하게 된다는 것을 증명해야만 포르노그래피의 비도덕성이 입증되는 것은 아니다. 대신 이 같은 이데올로기적 선전이 우리 사회에 이미 존재하는 여성에 대한 차별적 태도를 고착화시킨다면, 즉 이미지나 말을 통해 그러한 사회적 관계의 존재가 명료화된다면 새로운 부정적 이데올로기의 주입이라는 적극적인 해악 없이도 충분히 비도덕적일 수 있다. 나아가 이것을 근거로 검열의 정당성을 주장하는 것은 매우 효과적인 근거처럼 보인다.

한편 포르노그래피의 도덕적 문제점을 성차별에 관한 것으로 인식한다면 이는 성적으로 노골적이기는 하지만 성차별적이지 않은 재현의 가능성을 열어줄 수도 있을 것 같다. 그것을 구분해 '에로티카'와 같은 이름으로 부르자는 견해도 있다.

하지만 이 또한 모두의 동의를 얻는 것은 아니다. '내용-

기능 정의'를 만족하는 모든 포르노그래피가 여성에게 유해하다는 강경한 입장도 있다. 이들은 여성이 어떻게 그려지든 현재 우리 사회의 성적 관행상 성을 노골적으로 재현하면 이는 결국 여성에 대한 성차별일 수밖에 없다고 생각한다. 따라서 완전한 남녀평등 사회가 도래하기 전까지는 '에로티카'나 '무해한 포르노그래피' 같은 것은 존재할 수 없다는 게 이들의 시각이다.

그 반대로 소위 유해하다고 하는 일부 포르노그래피의 존재조차도 인정하지 않는, 즉 도덕적으로 비난받아야 할 포르노그래피는 없다는 입장도 있다. 이들은 제작 과정에서 폭력과 인권 침해가 없다면, 원치 않지만 보게 된 경우를 제외하고 포르노그래피 그 자체는 도덕적으로 중립적이라는 입장을 취한다. 포르노그래피는 성적 환상을 전개하기 위한 발판일 뿐이라는 것이다.

포르노그래피 검열의 도덕성

지금까지 우리는 음란이라는 '보수적 기준'보다는 여성에 대한 해악이라는 '진보적 기준'이 포르노그래피의 도덕성을 비난하기에 더 적절해 보인다는 논의를 해왔다. 그러나 앞서 이야기한 대로 이러한 도덕적 문제점이 확인되었다면 포르노그래피를 검열하는 것이 마땅할까?

포르노그래피 검열과 관련해 주로 쟁점이 되는 것은, 그것이 표현의 자유라는 또 다른 도덕적·정치적 가치 구현과 충돌하는 것처럼 보인다는 사실이다. 사상과 믿음, 표현과 언론에 대한 검열은 자유주의 사회의 기본 원칙에 대한 심각한 도전이다. 개인은 독자성과 자율성을 갖는다는 믿음에 근거한 자유주의 체제 아래에서는 국가나 권위가 개인에게 삶의 가치와 취향을 특정한 방식으로 추구하라고 강요할 수 없다.

포르노그래피가 가치 있는 표현이라고까지는 말할 수 없겠지만 그에 대한 검열은 우리가 가진 자유에 대한 침해로 간주된다. 일종의 '미끄러운 경사로' 논변이라고도 볼 수 있지만, 검열을 지지하는 논거가 무엇이건 그것이 인정되기 시작하면 남용으로 이어질지 모른다는 우려는 부담스럽다.

포르노그래피 잡지 《허슬러》의 출판인 래리 플린트의 이야기를 다룬 밀로스 포먼 감독의 영화 〈래리 플린트〉에는 "법이 나 같은 쓰레기를 보호한다면 여러분들도 보호해줄 것이다. 내가 최악이니까"라는 대사가 등장한다. 일반인들의 취향을 거스르는 저급의 표현도 존중되는 사회라야 그보다 더 귀중한 언론의 자유도 안전하다고 강변하는 장면이다.

만일 범죄 예방 차원에서 검열이 필요하다는 논리를 편다면, 검열 반대자는 포르노그래피와 범죄 간의 인과관계가 표현권을 제한할 만큼 확정적이지는 않다고 주장할 것이다. 사실 포르노그래피의 문제점을 인정하더라도 표현의 자유가 버티고 있는 한, 전면적인 검열보다는 등급제나 제한상영관제를 통해 문제를 해결하자고 할 수 있다.

하지만 과연 포르노그래피가 보호받아야 할 표현이기는 한가? 포르노그래피의 제한에 국가가 개입하기를 원하는 측은 포르노그래피의 표현으로서의 가치를 부정하는 전략을 택한다. 사실 표현의 자유가 어떤 상황에서도 지켜져야 하는 절대적 권리인지에 대해서는 논란이 있을 수 있다.

대표적으로 요즘 문제가 되는 근거 없는 저주나 증오의 표현hate speech은 예외적으로 제한해야 할 표현이라고 할 수 있다. 일부 견해에 의하면 증오 표현은 비록 그것이 말이나 이미지의 형태를 빌렸다고 하더라도 표현이 아니라 다른 사람에게 물리적인 폭력을 행사한 것에 견줄 수 있는 일종의 '행위'라고 주장하는 사람도 있다. 이 견해를 채택한 사람들은 포르노그래피 역시 표현이 아니라 여성에 대한 폭력 그 자체라고 주장한다. 만일 그것을 표현이라고 한다면 표현의 자유에 의해 보호받지 않아도 되는 종류의 표현이라는 입장이다.

여성주의 철학자 헬렌 론지노Helen Longino는 이 생각을 발전시켜 포르노그래피를 일종의 명예훼손으로 보고자 했다. 그에 따르면 포르노그래피는, 예를 들어 여성이 폭력적인 성행위로부터 쾌를 느낀다는 식으로 여성의 성적인 복지를 저해하는 거짓 주장을 유포시키는 경우가 있는데, 이는 근거 없는 명예훼손이므로 표현의 자유와의 충돌을 걱정할 필요 없이 검열할 수 있다는 것이다. 론지노 식의 이러한 접근은 여성에 대한 해악을 인과적인 것으로 이해하는 데서 오는 문제를 해결할 수 있다.

가령 포르노그래피가 성 차별적 태도를 '승인'함으로써 여성에게 해악을 끼친다는 주장은, 통상 포르노그래피가 실제로 사람들에게 성차별적 믿음을 심어주거나 고착시키며 그 행위를 유발하는 등 인과적 효력을 가진다는 점을 입증해야만 하는 것으로 이해된다. 하지만 앞서 이야기했듯이 이 점을 증명하기는 쉽지 않다.

물론 승인의 결과로 성차별적 태도가 만연하거나 고착될 거라는 생각이 자연스럽긴 하다. 하지만 사실 온갖 수단을 동원해 제품의 장점을 승인하는 모든 광고가 구매 행위, 심지어는 구매 욕구조차로도 이어지지는 않는 것을 보면 (밤 11시의 라면 광고는 예외일 수도 있겠다), 아무리 어떤 사상이나 태도를 옹호하고 선전하고 승인한다 하더라도 그것이 곧 그 선전대로 받아들여진다는 의미는 아닐 것이다.

포르노그래피를 통한 성차별적 태도의 승인이 실제 그러한 태도를 강화하거나 만연시킨다는 인과적 영향력은, 직접적 인과관계의 경우와 마찬가지로 수많은 다른 요소, 특히 승인만으로는 좌우될 수 없는 요소들에 달려 있다고 하겠다. 론지노는 바로 그러한 인과적 효력이 없어도 된다고 생각한다. 명예훼손에 해당하는 거짓말은 거짓말 그 자체만으로도 규제할 정당성을 갖는다는 것이다.

물론 이에 대해 포르노그래피는 주장이 아니므로 명예훼손에 해당할 만한 거짓일 수가 없다는 반론도 존재한다. 예를 들어 동화에 등장하는 백마 탄 왕자에 대한 선망이 자율적 여성의 명예를 훼손한다는 주장이 무리라면, 포르노그래피도 이와 다르지 않다는 것이다. 이 반론을 포함해 재현된 것의 내용과 관점의 구분을 근거로 검열 옹호 논변의 타당성을 점검하는 문제는 작품의 도덕성 평가를 다루게 될 3부에서 한 번 더 생각해보기로 하자.

포르노그래피와 예술

예술인가, 외설인가

성적 표현의 수위가 높은 영화나 연극에 대해 상투적으로 따라붙는 선전 문구를 기억할 것이다. "예술인가, 외설인가?" 이 질문은 마치 양자택일처럼 들린다. 호기심을 끌려는 문구가 아닌 심각한 예술적·법적 논쟁에서도 그렇다. 예를 들어 1990년대 마광수의 소설 『즐거운 사라』에 대해 법원이 예술이 '아니고' 실제적으로는 포르노그래피라고 판정한 것에서도 볼 수 있듯이, 포르노그래피와 예술은 양립할 수 없다는 생각이 지배적이다.

따라서 이 판결을 비난하는 측도 이것이 노골적인 성 묘사를 포함하고 있지만 예술(문학작품)이지 포르노그래피는 아니라는 반론을 제기해왔다. 『금병매』나 『채털리 부인의 연인』과 다르지 않으며, 심지어 국민 연애 소설 『춘향전』에도 이몽룡의 "힘줄 방망이" 같은 외설적 묘사가 적잖이 등장한다는 것을 반론의 근거로 내세우기도 한다.

『즐거운 사라』에 대한 당시의 판단이 적절했는지는 차치하고, 사람들은 그때나 지금이나 만일 그것이 예술로 인정되기만 하면, 혹은 예술적 가치가 있는 것으로 판단되기만 하면 포르노그래피라는 '오명'은 당연히 벗을 수 있다고 생각한다. 하지만 왜 꼭 그래야 하나? 『즐거운 사라』가 포르노그래피라고 주장하는 것은 아니지만, 그것의 예술적 가치가 무엇이건 그것이 '포르노그래피로서' 그 일을 달성했다고 하면 어불성설일까? 예술과 외설이 개념적으로 양립 불가능한 게 아닌 것처럼, 예술인데 동시에 포르노그래피라고 하거나 포르노그래피이면서 동시에 예술적 가치를 가졌다고는 할 수 없을까?

이러한 맥락에서 몇몇 학자들이 제안한 것이 '포르노그래픽 아트pornographic art'다. 상식적인 견해에 따르면 이는 '아이스 아메리카노 따뜻하게 한 잔'만큼이나 형용모순이고, 성적으로 선정적인 예술품을 부르는 용어인 '에로틱 아트'

에 비해 흔히 들을 수 있는 말도 아니다. 하지만 일부 예술 철학자들은 성을 재현한 경우 그것이 예술이라면 에로틱 아트, 그렇지 않으면 포르노그래피라는 전통적인 이분법에 불만을 가졌다. 그들은 어떤 것이 포르노그래피이면서 동시에 예술일 수 없는지를 따져 물었고, 여기서 대두된 용어가 포르노그래픽 아트다.

애매한 사례를 하나 더 보자. 오르세 미술관이 판매하는 기념엽서 중 두 번째로 잘 팔린다는 쿠르베Gustave Courbet의 1866년 작 〈세상의 기원Origin of the World〉은 여성의 성기를 그린 유화다. 노골적인 재현인 데다가 보는 이의 시선을 오로지 성기에만 집중시키며, 게다가 그 몸을 가진 여성이 누구인지는 아무 관심도 없다는 듯 모델의 얼굴은 프레임 밖으로 쳐낸 구도다. 이러한 점들은 전형적인 포르노그래피에서 볼 수 있는 모습과 외견상 다를 것이 없다.

권위 있는 미술관의 벽에 걸려 공공연히 수많은 관객을 모으고 있는 이 작품이 포르노그래피일 리 없다는 현재의 관행에 도전할 필요는 없을 것이다. 하지만 그럼에도 우리가 머리를 긁적이는 이유는 이러한 것도 그저 유구한 전통의 에로틱 아트 중 하나로 분류해도 될지, 그러기에는 지나

치게 노골적이지는 않은지 등의 의문이 들기 때문이다. 성
기를 노출하고 있는 여고생 그림을 그려 논란이 되었고, 결
국 법원의 명령으로 몇몇 작품들을 소각해야 했던 최경태
화가의 관심에 비해 쿠르베의 관심이 특별히 더 고상했다
는 증거도 없지 않은가?

포르노그래피와 예술의 양립 가능성

포르노그래픽 아트의 존재를 옹호하는 미학자 매튜 키이
란Matthew Kieran이나 한스 마스Hans Maes는 묵시적이건 명시적이
건 전통적인 입장에 전제된 이유 중 어느 것도 포르노그래
피와 예술이 '양립 불가능함'을 보여주지 않는다고 주장한
다. 그들의 주장을 '양립 가능성 논제'라고 부르기로 하자.

　물론 포르노그래피도 예술이 될 수 있다고 생각하는 사
람들, 가령 『즐거운 사라』가 비록 포르노그래피라 하더라
도 예술이 될 수 있다거나, 예술에 필적할 만큼 잘 만든 포
르노그래피가 있을 수도 있지 않겠느냐고 주장하는 사람
들이 모두 '포르노그래피이면서 동시에 예술인 어떤 것이
있다'는 양립 가능성을 주장해야 하는 것은 아니다. 그저
'포르노그래피였다가 지금은 예술'인 것이 있음을 인정하

기만 해도 된다.

혹은 더 현실성 있게 애초에 포르노그래피로 잘못 간주했던 것이 나중에 오해에서 벗어나 예술로서의 적절한 평가를 받았다면 그것은 포르노그래피가 예술이 된 경우일 것이다. 그렇다면 굳이 이러한 경우들과 차별해 양립 가능성을 주장하는 이유는 무엇일까?

우선 '포르노그래피가 예술일 수 있는가?'라는 질문은 이를 어떻게 이해하느냐에 따라 현대 예술에서는 매우 사소하고 식상한 질문으로 보일 수 있다는 이유를 들 수 있다. 예를 들어 누군가 "화장실 설비도 예술이 될 수 있는가?"라는 질문을 던졌다고 해보자. 이 질문에 대한 현대 예술의 답변은 "예, 이제는 무엇이든 예술이 될 수 있습니다"가 아니겠는가? 실제로 남성용 소변기가 예술이 된 지 백 년이 넘었다.

현대의 예술철학은, 이미 오늘날의 예술이 미의 추구니 감정의 표현이니 하는 전통적 의미의 특정한 본질적 속성을 가졌기에 예술로 불린다는 생각에서 벗어나, 적절한 제도와 맥락 아래 놓이기만 하면 무엇이든 예술이 될 수 있다고 생각해왔다. 또한 '무엇이 예술인가?'라는 예술 정의의 문제를, '무엇이 좋은 예술인가?'와 관련된 가치 평가와 분리해 생각하는 게 좋겠다는 것도 이미 학습된 교훈이다. 그렇다면 포르노그래피라고 왜 예외이겠는가?

무엇이든 예술이 될 수 있음이 이미 널리 자각된 세상에서 뒤샹이 화장실 설비와 눈 치우는 삽을 예술로 만들었고, 리히텐슈타인이 만화책에서 잘라낸 한 컷을 확대해 그린 그림으로 만화를 예술로 만들었듯이 누군가가 포르노그래피를 예술로 만들 수 있다는 사실은 이제 그리 흥미로운 가능성도 아닐 것이다.

실제로 쿤스의 〈메이드 인 헤븐〉이 바로 그러한 작품일 수도 있다. 이 작품은 주로 사진 연작을 포함하는 전시로 성적으로 매우 노골적인 여러 자세를 취한 쿤스 자신과 당시 쿤스의 아내였던 포르노 배우 치치올리나의 모습을 담고 있다. 외관상으로는 포르노그래피와 구별할 수 없다. 하지만 마치 워홀의 〈브릴로 박스〉가 외관상 일상품과 구분할 수 없지만 예술작품이듯이, 쿤스의 작품도 그럴 수 있다. 예컨대 이 작품이 '포르노그래피적 재현에 관한 패러디'라고 가정한다면, 이것이 곧 지각적으로 포르노그래피와 전혀 구분할 수 없는 것이 예술이 된 경우일 것이다. 그렇다면 이러한 현대 예술의 배경 아래에서 포르노그래피도 예술일 수 있다는 점은 논의가 불필요할 만큼 이미 증명된 것 아닌가?

하지만 바로 이것이 자신들이 원하는 주장의 실체가 아니기에 양립 가능성이 대두되는 것이다. 이 입장의 지지자들은 아마도 리히텐슈타인의 만화 그림은 더는 만화가 아니라는 점을 지적할 것이다. 그들은 이것이 만화와 예술의 양립이 아니라 만화가 자기 정체성을 잃어버리고 예술이 되어버린 경우라고 주장할 것이다. 〈브릴로 박스〉는 말할 것도 없고, 다소 논란의 여지가 있겠지만 쿤스의 작품도 일상에서 마주치는 물건(포르노그래피)과 외관은 같지만 일상품은 아니라고 할 수도 있다.

그들이 원하는 것은 만화를 차용한 혹은 만화처럼 보이는 예술이 아니다. 만화의 예술성을 옹호하고 싶은 사람은 리히텐슈타인을 동원하지 않고 만화 자체, 즉 '마블 코믹스의 만화'나 '무적핑크의 웹툰'이 그 자체로 예술의 사례일 수 있다는 주장을 하고 싶을 것이다. 마찬가지로 양립 가능성의 지지자들은 포르노그래피가 포르노그래피로서의 정체성을 잃어버리지 않고 예술의 사례가 되는 경우를 염두에 두고 있는 것이다.

따라서 포르노그래픽 아트가 가능하다는 주장은 단순히 어떤 일상품이 그것을 예술로 만들어줄 수 있는 제도적 맥락에 의해 예술로 인정받았다는 식의 논변으로 해결될 문제는 아닌 것 같다. 그래서 포르노그래피가 가질 수 있는 내용과 가치, 즉 포르노그래피가 지향하는 바 혹은 포르노그래피를 구성하는 본질 중 예술을 구성하는 개념과 충돌하는 게 없는지를 따져보는 작업이 필요하다. 양립 가능성을 옹호하는 키이란과 마스의 공통된 접근법도 바로 이것이다. 그리고 스포일러가 되겠지만 그들의 결론은 당연히 그러한 개념적 충돌을 일으키는 속성은 없다는 것이다. 포르노그래픽 아트가 있어야 한다고 생각하는 중요한 이유가 하나 더 있는데, 이는 마지막 장에서 논의할 것이다.

양립 불가능성 비판

포르노그래피이면서 동시에 예술인 포르노그래픽 아트의 존재를 지지하는 사람들은 어떻게 자신들의 주장을 옹호할까? 적극적으로 자신들의 입장을 홍보하기보다는 자신들의 주장을 반대하는 의견을 비판하는 소위 '네거티브' 전략을 통해서다. 포르노그래피와 예술은 양립할 수 없다는 논거를 가져오면 자신들이 그것이 왜 부당한지를 모두 밝혀주겠다는 것이다. 수비형 전략인 듯 보이지만 사실은 자신감 충만한 '도장 깨기'에 가깝다.

양립 불가능성의 논리적 근거로 가장 확실한 것은 정의상 포르노그래피는 예술이 아니라는 입장을 취하는 것이다. 예를 들어 우리나라 헌법재판소는 1998년 음란의 개념에 대해 "인간 존엄 내지 인간성을 왜곡하는 노골적이고 적나라한 성 표현으로서 오로지 성적 흥미에만 호소할 뿐 전체적으로 보아 하등의 문학적·예술적·과학적 또는 정치적 가치를 지니지 않는 것"으로 정의한 바 있다.

이에 따르면 음란한 성 표현물이란 "노골적"이고 "성적 흥미에만 호소"한다는, 우리가 앞서 동의한 포르노그래피의 두 가지 특징 외에도 "예술적 가치를 지니지 않는" 것을 요청하는 개념이 된다. 이러한 식으로 포르노그래피란 하등의 예술적 가치가 없을 때만 성립하는 개념이라는 정의가 받아들여진다면 양립 불가능성은 자동으로 확보된다.

그러나 이는 누가 봐도 부당한 제안이다. 약정적 정의에 대한 합의가 이루어지지 않는 한 일방적으로 '포르노그래피의 본유적 특징 중 하나는 그것이 예술이 될 수 없다는 것'이라고 말할 수는 없다. 현실적으로 대부분의 포르노그 래피가 예술적 가치를 거론할 수 없는 저열한 수준일지라도 개념상 그러한 것은 아니다. 키이란은 현실의 포르노그 래피에서 예술적 가치를 찾을 수 없는 것은 역사와 사회 구조적 요인에서 비롯된 우연적 사실이지, 필연적으로 예술적 가치가 없어야 포르노그래피라고 할 수 있는 것은 아니라고 말한다.

기성품 축하 카드에 그려진 그림, 하이틴 연애 소설, TV의 아침 드라마 등도 일반적으로 예술적 가치를 찾기는 어려운 것들이지만 '예술성의 결여'를 그것들을 정의하는 요소로 보지는 않는다. 서부극이나 탐정물이 처음에는 주어진 흥행 공식에 따라 제작되는 조악한 장르물에서 출발했지만 진화를 거듭해 예술적 가치를 가진 작품도 생산할 수 있었듯이, 포르노그래피도 그러한 미래를 만들게 될지 누가 알겠는가. 어쩌면 그러한 미래를 예비하기 위한 하나의 움직임으로 포르노그래픽 아트에 주의를 환기하는 것일 수도 있다.

'포르노그래피인 것'과 '예술인 것' 사이에 모순이나 개

넘적 충돌이 없다는 사실은 다른 경우에도 계속해서 활용될 수 있다. 포르노그래피의 성 묘사는 예술과 달리 노골적이므로 양자의 구분 기준이 성적 표현의 수위에 따른 것이라는 주장을 생각해보자. 이는 전통적 입장에서는 당연히 제안해볼 만한 기준이다.

로저 스크러턴Roger Scruton은 에로틱 아트에 해당하는 작품들은 성기의 세밀한 묘사가 아니라 대상의 표정을 통해, 예를 들어 작품 속 여성이 관람자인 남성 관객의 의지에 복종할 수 있는 존재임을 드러내는 표정을 짓는 식으로 성적인 암시를 전달하는 반면, 포르노그래피의 묘사는 우리의 관심을 얼굴과 표정으로부터 나머지 노골적인 신체 부위와 자세로 옮겨놓는다고 한다. 얼굴과 같은 간접적이고 암시적인 수단이 아니라 성적 기관이나 자세에 직접적인 관심을 끌게 한다면 이는 예술이 아닌 포르노그래피적 재현이라는 것이다.

이러한 설명은 '누드'와 '벌거벗음the naked'에 대한 고전적인 구분을 떠올리게 한다. 전통적인 시각에 따르면 누드화는 '이상적 형태에 관한 연구'로서 벌거벗은 몸이 보이는 수치스러움과 불편함을 동반하지 않기에 에로틱 아트가 될 수 있는 데 비해, 그저 벌거벗은 몸을 보여줄 뿐이라면 그 '감춰지지 않음'이 갖는 선정성으로 인해 예술이 되기에는 부적절하다는 것이다. 이러한 생각을 일반화해 예술과 포르노그래피를 가르는 기준으로 삼을 수는 없을까?

하지만 그렇더라도 예술에서의 성은 간접적·암시적으로 묘사되어야 한다거나, 예술은 노골적인 성적 재현에서 오는 당혹감이나 불쾌감을 피해야 한다고 주장하는 것은 시대착오적이며 유지되기 어려운 입장이다. 앞서 언급한 쿠르베의 작품부터가 그것이 예술로 인정된다면, 이미 스크러턴의 기준에 대한 반례가 될 수 있다. 얼굴 없이 성기만 그려진 그 그림에는 그가 말하는 인간적인 교감이나 간접적인 암시가 일어날 어떤 계기도 없기 때문이다.

또한 경우에 따라서는 현대의 예술은 바로 그러한 불쾌감이나 당혹감을 목표로 하기도 한다. 혹자는 어원을 근거로 에로틱 아트는 (에로스라는 어원에 따라) '사랑'을 다루고, 포르노그래피는 (매춘부라는 어원이 말해주듯) 감정 없는 '섹스'를 다룬다는 식으로 양자를 구분하려 하지만 이 역시 다소 순진한 시도다. 현대 예술에서 인간적 교감이 완전히 배제된 성을 다루는 일은 얼마든지 가능하다.

누드화에 관해서도 존 버거 John Berger 같은 학자는 전통적인 견해와는 정반대의 주장을 한다. 즉 보이는 것을 의식한 전통적 여성 누드는 남성 관람자의 욕구에 봉사하기 위해 계산된 것이기에 오늘날의 포르노그래피와 유사하고, 오히려 보이는 것을 의식하지 않은 벗은 몸의 묘사가, 가령화가와 모델 간의 개인적 애정 관계까지 드러낼 수 있는 경우에는 더 생동감 넘치고 개성적이며 가치 있는 예술작품일 수 있다는 것이다.

전통적 입장이 묵시적으로 가정하는 기준들에 대해 이러한 식의 검토를 계속할 수도 있겠지만 이 정도만 가지고도 우리는 그 결론을 예측할 수 있을 것 같다. 예술 개념을구성하는 요소들을 생각해볼 때, 포르노그래피의 본질적특징이 예술과 양립 불가능하다고 주장하기는 어려워 보인다. 성적 표현이 노골적이거나 여성을 대상화 objectifying 하는 시각을 가졌더라도, 심지어 비도덕적인 관점을 옹호한다고 하더라도 그 이유만으로 예술이 아닐 수는 없다. 물론전통적인 예술 관행에 근거해 예술이 그래서는 안 된다고주장할 수는 있겠지만, 현대의 예술 개념으로 볼 때 이러한것들이 '예술 아님'의 기준이라는 주장은 모두 허수아비다.

양립 불가능론자들이 현재 우리가 가진 전형적인 포르노그래피에서 발견되는 저열한 예술적 가치의 특징들을 지적하면서 그 이유로 그것들이 예술이 될 수 없다고 주장하는 경우에도 마찬가지다. 양립 가능성의 지지자들이 자기편으로 삼고 있는 '우연성'과 '가능성'은 그들에게 절대적으로 유리한 무기이며, 그들은 이것으로 양립 불가능론자들의 공격을 손쉽게 무력화시킬 수 있다.

포르노그래피가 예술적으로 무가치하다는 것을 보여주는 특징들을 거론해보자. 최소한 현재의 지배적인 포르노그래피는 플롯의 개연성이나 인물의 성격, 성적인 것을 제외한 인물들 간의 심리적 관계 등을 묘사하는 데는 거의 관심을 기울이지 않는다. 하지만 '현재의 지배적인 포르노그래피'라는 말에서 보듯이 이러한 특징은 우연일 수 있다는 점이 바로 문제다. 현재의 포르노그래피가 이러한 식이라고 해서 모든 포르노그래피는 이래야만 포르노그래피라고 생각할 수는 없다. 다른 기준들도 마찬가지다.

예술은 복잡하고 다층위적 구성을 가지고 있지만 한 가지만 보여주면 되는 포르노그래피의 재현은 싱겁고 일차원적이며 단선적이라고 말할 수도 있다. 맞다. 예술은 독창적이지만 포르노그래피는 제조 공식과 클리셰가 난무한다고 말할 수도 있다. 그렇다. 포르노그래피는 대량 생산되는 산업 제품일 뿐이고, 아름답지 않고 추하며, 상상에 의존하는 예술과 달리 공상fantasy에나 의존할 뿐이라고 말할 수도 있다. 다 맞다. 누구도 전형적인 포르노그래피가 이러한 성격을 가졌음을 부정하지 않는다.

다만 이들이 포르노그래피의 필연적이고도 본질적인 속성이 아니라 우연적 속성에 불과한 한 예술과 포르노그래피의 양립 불가능성을 주장하는 근거가 되기는 어렵다. 미래의 포르노그래피는 그렇지 않을 '가능성'이 있고, 양립 가능성의 지지자는 계속해서 이 점을 부각시킬 것이기 때문이다. 현재 우리가 그러한 가능성을 구현한 사례를 제시할 수 없다 하더라도 문제될 게 없다는 것이다.

그래도 예술이
될 수 없는 이유

양립 가능성에 대한 반론, 동시 감상 불가능성

앞 장에서 살펴본 것은 예술과 포르노그래피가 개념적으로 충돌하지 않기에 포르노그래픽 아트가 충분히 성립 가능하다는 논변이었다. 그렇다면 '미래의 가능성'을 자신들의 편에 둔 양립 가능성의 지지자들에게 제동을 걸 수 있는 반대 논변은 없는 것인가? 또한 어떤 대상이 예술이지만 동시에 포르노그래피로서의 정체성을 유지하는 경우가 논리적으로 가능하다 하더라도, 그것을 통해 무엇을 얻을 수 있다는 것인가? 이 장에서는 그 이야기를 해보기로 하자.

앞서 언급된 현행 포르노그래피의 예술에 반하는 지배적 특징들은 양립 가능성 지지자들로부터 우연적이라는 평가를 받았다. 그런데 만일 그것 중 어느 하나가 우연적 선택이 아니라 포르노그래피가 되기 위한 본질적 특징이라면 어떻게 될까? 즉 포르노그래피의 본질적 특징에 비춰 볼 때 아무리 미래의 포르노그래피라고 해도 제거하기 힘든 어떤 특정한 요소가 있는데, 하필 그러한 요소가 예술적 특징에 반하는 것이라면? 예를 들어 포르노그래피는 어떤 '필연적인' 이유로 인해 '언제나' 플롯과 인물에 최소한의 투자밖에 할 수 없다거나 제조 공식과 클리셰를 사용할 수밖에 없다면? 그러면 아직은 양립 가능성 지지자들의 완전한 승리는 아닐 수 있다.

그런데 그러한 비판적 논변을 마련해보고자 할 때, 포르노그래피의 본질적 요소라고 동의했던 두 조건 중 성적으로 노골적이라는 조건은 활용하기 어려울 듯하다. 성적으로 노골적이라는 것은 이제 더는 예술이 되는 것을 막는 요소일 수 없을 것 같기 때문이다. 따라서 다른 하나의 조건, 즉 포르노그래피는 필연적으로 그것을 소비하는 이의 성적 흥분을 목적으로 해야 한다는 조건에 주목할 필요가 있다. 이 목적이 필연적이라면 포르노그래피는 그 목적에 구속될 수밖에 없고, 그 목적을 효과적으로 달성할 수 있는 수단을 강구해야만 한다.

이러한 목적을 효과적으로 달성해야 하기 때문에 특정 재현 기법이나 수단, 양식을 필연적으로 택해야 한다고 말할 수도 있을 것 같다. '필연적 선택'이 지나치게 강하게 들린다면, 특정 기법 A와 B 중에서라면 A를 선택하는 것이 필연적이라는 식으로 상대화시키거나, 혹은 '특정 기법을 택하는 경향이 매우 높다' 정도로 약화시켜도 될 것 같다. 핵심은 그러한 기법 중에 예술과 양립 불가능한 것이 있다면 양립 가능성 논제가 타격을 받을 수 있다는 것이다.

예를 들어 현재의 전형적인 포르노그래피가 인간적 교감이 배제된 성행위만을 다룬다고 해보자. 성적 흥분을 목표로 하기 위해서는 성을 이러한 식으로 다룰 수밖에 없을까? 아마도 아닐 것이다. 사랑하고 배려하는 두 인간 사이의 친밀한 성적 관계를 다룬다고 해서 성적 흥분을 효과적으로 불러오지 못할 이유는 없을 것이기 때문이다. 실제로 이러한 내용을 갖는 소위 '여성 지향적' 포르노그래피가 이미 존재한다.

하지만 상투적이라거나 단선적이라는 것은 어떤가? 앞의 경우와는 조금 다를 수 있다. 복잡한 구성과 중층적인 인간 심리 묘사를 담은 포르노그래피가 논리적으로 불가능하지야 않겠지만 효과적으로 성적 흥분을 불러일으키는 것이 그 목표라고 했을 때, 이것은 분명히 그 효과를 반감시키는 선택이 될 것이다. 그렇다면 예를 들어 단선적인 서사 구조와 같은 몇몇 예술에 반하는 기법은 미래의 작품 속에서는 극복될 가능성이 있는 포르노그래피의 우연적 속성이 아니라, 포르노그래피라면 반드시 선택해야 하는 필연적 특징이라고 주장할 수도 있지 않을까?

여기서의 논변은 결국 '성적 흥분'은 예술적 가치 실현에 적대적일 거라는 생각에서 비롯된 것이다. 그러나 키이란은 이 같은 반론을 예상하고 답변을 준비해놓았다. 작품이 특정한 목적을 가졌다고 해서 그로 인해 의미 있는 예술적 목표를 달성할 수 없는 게 아니라는 것이다. 키이란은 포르노그래피가 성적 흥분을 추구해야 한다는 조건을 대중예술이 대중성을 얻기 위해 흥행 공식이나 현실성을 결여한 판타지에 지나치게 의존하는 것과 같은 차원으로 파악하는 것 같다.

실제로 대중성이라는 목표를 효과적으로 달성하기 위해 대중가요가 기존의 흥행 공식, 단순한 멜로디, 중독성 있는 후크 등을 사용할 개연성이 크다거나 대중 드라마가 말초적으로 호소하는 판타지를 사용할 개연성이 매우 크다고 가정한다면 상황은 포르노그래피와 비슷하게 이해될 만하다. 양립 가능성의 지지자들은 이렇게 논변할 것이다.

첫째, 비록 그러한 개연성이 있더라도 공식을 벗어난 복잡한 멜로디나 삶에 충실한 재현으로는 상업성을 얻어내는 것이 불가능하다고 할 수 없는 한, '상업성(포르노그래피의 경우에는 성적 흥분)이라는 목표가 상정되면 예술성을 결여한 기법만이 필연적으로 선택된다'라는 주장에는 미치지 못한다.

둘째, 흥행 공식에 따른 제작을 통해서도 상업성뿐만 아니라 예술적 성취도 이루어낼 수 있다는 것을 보여주는 현실의 사례들이 있고, 앞에서 언급한 서부극이나 추리극처럼 공식에 의존하는 장르가 진화해 예술성을 담보할 수도 있다. 따라서 포르노그래피가 성적 흥분을 유발시켜야 한다는 점에 주목하더라도 예술과 양립 가능하다는 점은 변함이 없다.

키이란은 예술의 목적이 예술성을 방해하지 않는다는 것을 보여주는 사례로 종교화를 언급한다. 종교적 고양(종교

예술)이나 특정 정치 세력의 지지 호소(프로파간다), 심지어 물건의 판매(광고)를 그 목적으로 삼더라도, 그렇게 해서 만들어진 종교화나 선전 포스터나 광고가 '예술적 성취'를 얻는 일이 불가능하지는 않을 것이다. 양립 가능성의 지지자들은 포르노그래피도 이와 유사하게 볼 수 있다고 말한다.

그러나 종교적 고양이라는 효과와 성적 흥분을 불러일으키는 효과 사이에는 차이가 있다. 심지어는 상품에 대한 구매욕의 창출과 성적 흥분 간에도 우리 논의의 목적상 매우 중요한 차이가 있다. 종교화나 광고의 경우 그것들의 예술적 특징에 대한 감상은 언급된 효과들을 방해하지 않는다. 예수의 희생을 이해하고 감동하면서 동시에 미켈란젤로나 카라바조의 기교에 감동할 수 있고, 콜라 광고의 현란한 몽타주 형식이 쾌활하고 리듬감 넘친다는 점에 주목하면서 동시에 해변에서 마시는 한 잔의 시원한 콜라가 얼마나 좋을지를 상상할 수 있다.

그러나 성적 흥분의 경우에는 예술적 감상과 병행하기 어려워 보인다. 성적 흥분, 특히 전형적인 포르노그래피가 대상으로 하는 이성애자 남성의 성적 흥분에는 육체와의 관련성이 간과될 수 없고, 실제로 포르노그래피는 구체적으로 그러한 반응을 목표로 한다고 보아야 한다. 이러한 효과는 주목을 집중시켜야 달성될 수 있기에 분산을 허락하지 않는다. 주목이 분산되면 효과는 감소할 것이다. 한 발 양보해 성적 흥분을 위한 감상과 예술적 특징에 대한 감상이 동시에 이루어지는 것이 아닌 교대로 이루어진다고 상정해도 전자는 후자의 영향을 받는다. 즉 성적 흥분은 그 효과가 감소되지 않고는 예술적 감상과 병행될 수 없는 것 같다. 이 점이 종교화나 광고의 경우와 다른 점이다.

지금까지의 논의로 볼 때 결국 양립 가능성 논제에 대한 가장 그럴 듯한 반론이 만들어질 수 있는 영역이 바로 효과 혹은 반응과 관련된 부분이다. 이 역시 포르노그래피와 예술 간의 개념적 충돌 혹은 모순이라고까지 말할 수는 없을지도 모른다. 하지만 성적 흥분이라는 포르노그래피의 본질적 목표가 그 대상을 예술로서 감상하는 행위로 인해 방해받거나 달성되지 못할 수도 있다는 점은 양립 가능성 논제에 상당한 타격을 줄 수 있다는 생각이다. 이것을 '동시 감상 불가능성'이라고 부르기로 하자.

그러나 양립 가능성의 지지자들은 이것이 대수롭지 않은 문제라고 할 수도 있다. 그들은 예술과 포르노그래피가 양립하기 위해 왜 양자에 대한 감상이 '동시 감상'이어야 하는지를 반문할 것이다. 하나의 대상을 포르노그래피로 감상할 때와 예술로 감상할 때가 별도로 있다면 무슨 문제가 된다는 것인가? 하지만 문제가 될 수 있다. 동시 감상 불가능성 혹은 대상에 대한 예술적 감상은 그 대상이 주는 성적 흥분을 필연적으로 감소시키는 방향으로 작동한다는 사실을 인정한다면, 양립 가능성 논제에서 지지자들이 중시한 실질적 내용이 제거될 우려가 있어 보이기 때문이다.

포르노그래픽 아트는 왜 필요한가

양립 가능성의 지지자들이 "이 대상은 성적 흥분이라는 목적을 훌륭하게 달성할 수 있는 영락없는 포르노그래피다. 하지만 성적 흥분을 잠시 보류하고 감상할 수 있다면 뛰어난 기교로 가득 찬 예술작품이기도 하다"라는 식으로 말할 수 있을까? 앞서 보았듯이 양립 가능성의 지지자들은 대상을 예술로 감상할 때도 그것이 포르노그래피로 머물러 있기를 원한다. 이것이 포르노그래픽 아트라는 새로운 범주의 필요성을 주창하는 이유였다. 포르노그래피로 감상할 경우와 예술로 감상할 경우가 별도로 있다는 의미의 양립 가능성이라면, '포르노그래피이면서 예술'이라는 것을 그렇게까지 강조할 이유가 있었는지 이해하기 어렵다.

그렇다면 양립 가능성의 지지자들이 생각하는 '포르노그래픽 아트'라는 범주의 실질적 필요성이란 어떤 것일까? 왜 그러한 범주가 필요할까? 물론 그 이유 중 하나는 앞서 살펴본 대로 양자가 상호 배타적이라는 주장에 아무 근거가 없기 때문이다. 하지만 '이러한 범주를 구성하지 못할 이유가 없다' 정도를 주장하기 위한 것이라면 이는 그저 철학자들의 개념 유희에 머무는 것이 아닐까?

포르노그래픽 아트의 가능성을 지지하는 마스는 아마도 성적으로 노골적인 작품이 예술이라는 이유로 그 폭력성이나 당혹감에도 불구하고 '에로틱'이라는 다소 순화된 이름을 부여받는 현상이 오히려 불순하다고 판단한 것 같다. 경우에 따라서 예술은 바로 그러한 불쾌함을 목표로 할 수도 있는데 말이다.

켄들 월턴Kendall Walton은 작품에 대한 미적 속성의 평가가 범주에 따라 상대적이라고 주장한 바 있다. 예를 들어 고전주의 회화에서 사용하면 '대담하다'는 평가를 받을 만한 특정 색이 있다. 하지만 색의 사용에서 훨씬 자유로워진 낭만주의 회화에서는 그와 똑같은 색을 사용하더라도 같은 평가를 받지 못할 수 있다. 그 색의 효과는 고전주의냐 낭만주의냐 하는 범주에 따라 상대적으로 결정된다.

인물의 내면 묘사가 부족한 소설이 있다고 하자. 그것이 속한 범주가 추리 소설이라면 그 부족함이 크게 문제되지 않을 수 있다. 하지만 심리 소설의 범주에 속한다면 작품을 졸작으로 만드는 치명적인 단점이 될 수 있다. 하나의 작품에서 무엇이 표준적 특징standard feature인지도 범주에 따라 상대적으로 결정된다. 따라서 주어진 대상을 포르노그래픽 아트의 범주에 드는 것으로 감상하는 것과 '포르노그래피와 닮았지만 포르노그래피는 아니고 사실은 예술인 어떤 것'으로 감상하는 것은 감상자들과 비평가들에게 의미 있는 차이를 만든다는 것이다.

예를 들어 에곤 실레Egon Schiele나 로버트 메이플소프Robert Mapplethorpe의 작품들은 성적 표현이 당혹스러울 정도로 노골적이다. 이때 이들이 속한 범주를 포르노그래픽 아트로 보고 그러한 특징들을 그것의 '표준'으로 간주한다면 그렇지 않을 때에 비해 비평가의 작업에 차이가 드러날 것이다. 감상자의 성적 흥분을 위해 노골적으로 드러낸 성적 묘사가 표준이라면 비평가들은 그 점은 당연한 것으로 전제한 채 이들 작품의 다른 특징들을 논할 것이다. 다시 말해 그러한 포르노그래피를 실레나 메이플소프가 자신들만의 개성 있는 작품으로 만드는 데 관련된 특징들, 즉 작품의 가변적 특징들^{variable features}을 논할 수 있게 되는 것이다.

반면 이들의 작품이 예컨대 '에로틱 아트'로 분류된다면 지나치게 노골적인 성 묘사는 당황스럽고 충격적이므로 그 범주의 표준적 특징이 아닌 것^{contra standard}으로 간주될 것이고, 그렇다면 비평가는 이 비표준적 특징에 계속적으로 주목해 이를 정당화하는 설명을 제공하게 될 것이다. 이는 마치 역사화를 풍경화로 분류해놓고 풍경화치고는 등장하는 인물이 많다는 사실을 애써 별일 아닌 것처럼 설명하려는 것과 비슷하다. 이는 불필요하게 소모적일뿐 아니라 작품을 잘못 이해할 소지도 있다.

이러한 배경에서 지지되는 양립 가능성이기에 여기에는 실천적인 함축이 있다. 특히 마스는 포르노그래픽 아트라는 범주가 받아들여지면 현재 현실적으로는 제작되지 않고 있으나 논리적으로는 가능한 영역, 즉 '예술적 감상의 여지를 충분히 열어둔 포르노그래피'의 제작을 예비할 것

에곤 실레의 〈오렌지색 양말을 신은 뒷모습〉

이라고 본다.

물론 간단한 문제는 아니겠지만 최소한 전통적인 견해가 무반성적으로 받아들인 양립 불가능성이 논리적·개념적으로 근거가 없다는 것에 충분히 주목하면, 예술과 포르노그래피를 동시에 추구하려는 실험 정신을 고무시킬 수 있을 것이고, 이 논의는 공리공담을 넘어 실천적 의의를 갖게 될 것이다.

양립 가능성의 빛과 그림자

결국 양립 가능성의 지지자들이 천명한 포르노그래픽 아트의 실천적 의의란, 대상을 예술로 경험하는 순간에도 그것이 포르노그래피이기도 하다는 사실이 그 예술 경험을 독특한 것으로 형성한다는 데 있는 것 같다. 이 관계는 어쩌면 뒤샹의 〈샘〉이 가진 예술품으로서의 정체성과 그럼에도 불구하고 제거할 수 없는 화장실 설비로서의 물리적 정체성 사이의 관계와 유사할지도 모르겠다. 여기서도 변기를 보는 것과 예술작품을 보는 것은 동시에 이루어진다. 보다 정확히 말하면 '변기를 변기로 보는 것'과 '변기를 예술작품으로 보는 것'이 동시에 이루어진다. 〈샘〉은 우리의 예술 감상이 진행되는 과정에 그것이 변기로 지각된다는 사실이 적극적으로 영향을 미치며, 그것 때문에 열리는 새로운 비평적 차원이 있다는 것을 보여주는 경우다.

그러나 변기를 변기로서 보는 일이건 예술로서 보는 일이건 모두 관념적인 것으로 두 경험은 얼마든지 공존할 수도 있고, 관점의 전환이 머릿속에서 재빠르게 일어나 양자 사이를 오갈 수도 있다. 종교적 고양과 예술적 감동이 동시에 밀려올 수 있는 것과 마찬가지다. 따라서 동시 감상이 가능하다는 전제하에서 〈샘〉은 '포르노그래픽 아트'의 실천적 의의를 비유적으로나마 설명하는 사례일 수 있다. 그런데 여기에, 〈샘〉을 예술로 보는 동안은 그것을 변기로 볼 수 없다는 설정이 더해진다면 어떻게 될까? '포르노그래픽 아트'에 대해 동시 감상 불가능성으로 문제를 제기하려는 나 같은 사람들은 이 같은 생각을 하는 것이다.

성적으로 노골적인 재현을 보면서 예술적 감상을 할 수는 있다. 그러나 앞의 논의대로, 대상을 포르노그래피로서 본다는 것은 성적으로 노골적인 재현으로 본다는 것 이상(혹은 아예 그것과는 다른 것)이다. 성적 흥분이라는 효과를 줄 수 있는지가 핵심이어야 하기 때문이다. 양립 가능성의 지지자들은 왜 성적 흥분이 예술 감상을 하는 동안에 일어나야 하느냐고 반문할지 모른다. 지금 진행되는 것은 예술 감상이고, 지금이 아닌 다른 어느 때 이것이 성적 흥분이라는 효과를 줄 수 있는 대상이라면 그것으로 충분하지 않느냐는 것이다. 하지만 그렇다면 그 다른 때의 성적 흥분은 어떻게 얻어지는가? 대상을 오롯이 포르노그래피로서만 취급해야 얻어지는 것 아닌가? 그렇다면 결국 '포르노그래픽 아트'가 지향하는 '예술이자 포르노그래피'인 대상은 '포르노그래피로만 취급되는 시점과 예술로서만 취급되는 시점이 각각 별도로 존재하는 하나의 사물'이 되어버린다. 이것은 〈샘〉을 감상하는 방식과는 다르다. 만일 양립 가능성 지지자들이 '예술인 동안에도 포르노그래피로 경험되어 우리의 예술 감상 경험을 바로 그러한 특별한 방식으로 형성하는' 대상을 원한다면 동시 감상 불가능성은 그들에게 생각보다 큰 난관을 초래한다.

재현의 투명성과 예술 감상의 성격

제럴드 레빈슨 Jerrold Levinson 역시 포르노그래피와 에로틱 아트의 구별은 바로 이러한 동시 감상의 불가능성 여부에 의해 이루어질 수 있다고 본다. 그의 주장은 포르노그래피의 재현이 예술의 재현과 달리 투명하다transparent는 것을 근거로 한다. 하지만 이는 틀린 이유로 맞는 주장을 하는 경우로 보인다. 아무리 포르노그래피라도 내용 감상과 함께 그 내용을 제시하는 방식, 양식, 매체, 기법, 태도 등에 대한 최소한의 감상이 동시에 일어날 만큼은 불투명하다는 주장이 오히려 설득력 있기 때문이다.

그런데 만일 포르노그래피의 재현이 투명한 것이 아니라면 양립 가능성의 지지자들은 동시 감상 불가능성을 반박할 수 있는 좋은 기반을 얻게 되지 않을까? 이제 우리 논의의 마지막 쟁점은 여기에 모인다. 내가 하고 싶은 질문은 이것이다. 과연 그 정도의 불투명성이면 예술이 되기에 충분한가?

물론 포르노그래피의 재현에는 투명하다고는 할 수 없는 매체와 기법에 대한 고려가 포함되어 있다. 예를 들어 포르노그래피를 보는 동안 카메라 앵글의 변화조차도 감지할 수 없을 만큼, 마치 누군가의 정사 장면을 직접 보는 것처럼 그 내용에만 빠져든다는 것은 무리한 주장이다. 포르노그래피에서도 매체가 감지될 수 있고, 그러한 감지가 성적인 흥분을 방해하지 않을 수 있다. 카메라 앵글의 변화가 가져온 효과를 그저 수동적으로 '겪는' 정도라면 말이다. 마치 차의 움직임과 함께 창밖의 경치가 변화하는 것을 감지하면서도 그 경치의 감상을 방해받지 않는 것과 유사하다고 하겠다. 문제는 그 정도면 예술적 감상이 가능한 근거라고 주장할 수 있겠느냐는 것이다. 내가 보기엔 그렇지 않은 것 같다.

내가 성적 흥분을 주는 포르노그래피의 감상과 예술적 효과의 감상이 동시에 일어나기 힘들다고 생각하는 이유는 전자가 투명하고 후자가 불투명해서가 아니다. 양자는 모두 불투명하지만 포르노그래피의 불투명성은 그것만으로는 예술적 감상을 담보할 수 없을 만큼 '얇다'는 이유 때문이다.

아무리 천편일률적 서사일지라도 그것이 재현이라면 이를 지각하는 경우 재현 방식에 대한 지각이 어느 정도 포함되는 것은 당연하다. 하지만 재현의 이중성을 지적하는 정도의 투명성에 대한 부정은 너무 미미하고 원론적이어서 예술적 감상을 위한 필요조건의 하나일 수는 있겠지만 충분조건은 될 수 없다. 키이란의 논변은 동시 감상 불가능성을 반박하기 위해 포르노그래피 감상의 성격을 규명하려 한다. 그리고 그의 결론은 '그 정도 경험'이면 예술적일 수 있다는 것이다. 그러나 예술 감상의 경험을 어떻게 보느냐에 따라 '그 정도 경험'으로는 예술 감상에 미치지 못할 거라고 주장할 수도 있다.

그렇다면 예술 감상 경험은 어떤 특징을 갖는가? 내가 생각하기에 예술 감상의 경험이란 내용을 제시하는 방식, 관계된 매체, 양식과 기법, 태도 등을 그저 경험의 일부로 포함하는 정도로 되는 것은 아닌 듯하다. 그보다는 한발 더 나아가 그러한 요소들을 포함한 대상의 '지향성aboutness'에 대한 메타적이고 비평적인 감상이어야 한다는 제안을 하고 싶다.

혹자는 예술을 감상하는 우리의 일반적인 경험에 비춰볼 때, 이것이 너무 과도하게 지성적이고 반성적reflective인 요구 사항 아니냐는 반론을 제기할지 모르겠다. 이 반론은 여기서의 논점이 '미적' 감상이라면 타당한 지적일 수 있다. 대상의 미적 속성을 지각하는 우리의 감상에 그 정도의 지적 반응을 요청하는 것은 무리다.

하지만 이 제안은 '미적 경험'과는 별개로서의 '예술적 경험'(혹은 예술적 감상의 경험)을 설정해보려는 의도에서 나온 것이다. 미적 감상과 구분되는 예술적 감상이라면 모든 예술 감상이 해석이나 평가와 관련된 메타적·비평적 감상이라고 주장해도 지나친 것은 아닐 것이다. 실제로 '미적인 것'과 구별되는 '예술적인 것'의 고유한 영역을 별도로 상정해야 한다고 주장하는 노엘 캐럴Noël Carroll 같은 학자는, 그랬을 때 '예술적인 것'의 본성이란 결국 의미를 발견하는 해석적 경험이라고 본다. 자연물이건 인공물이건 대상 그 자체의 감각적 매력에 대한 것은 '미적' 감상이고, 그것이 자연물이 아닌 예술품이었을 때 대상 그 자체를 넘어 그것이 의미하는 바를 파악하는 것은 '예술적' 감상으로 구분해보자는 것이다. 이는 타당하고 유용한 구분으로 보인다.

앤디 워홀이 찍은 〈엠파이어〉라는 영화가 있다. 아무런 서사 없이 무려 8시간 5분 동안 저녁부터 밤까지 엠파이어 스테이트 빌딩의 모습을 보여주는 영화다. 고정된 장소에서 찍은 거의 변하지 않는 대상이 담긴 영화를 몇 시간에 걸쳐 보는 것은 당연히 지루한 경험일 것이다. 그러나 단토는 이 작품에 대해, 작품은 지루하지만 누군가가 영화를 이렇게도 만들었다는 사실은 전혀 지루한 것이 아니라고 평한 바 있다. 우리가 주목할 것은 이 작품을 보면서 미적 경험 차원의 지루함이 아니라 잠시라도 흥분되는 예술에 대한 경험을 갖기 위해서는 감상의 대상이 '엠파이어스테이트 빌딩의 재현'에서 '워홀이 영화라는 매체로 그러한 움직이지 않는 대상을 재현했다는 사실'로 바뀌어야 한다는 점이다.

이는 선명한 사례를 찾기 위해 가장 극단적인 경우를 생각해본 것이지만, 어찌되었건 작품에 대한 해석과 평가를 포함하는 이러한 비평적 감상이야말로 작품에 대한 예술적 감상이라고 생각한다. 이 감상은 〈엠파이어〉의 경우에는 영화라는 매체에 대한 반응이고, 작가가 그 매체를 이용한 방식에 대한 반응이며, 그 사이에서 오는 아이러니(움직임을 기록하기에 가장 좋은 매체를 택해 움직임이 없는 대상을 기록한 것)에 대한 해석적이고 평가적인 감상이다. 확실한 예술적 감상이 되려면 그저 카메라 앵글의 변화를 경험하는 것만으로는 부족하고, 그러한 변화의 효과와 효율성에 대해 메타적으로, 그리고 비평적으로 주목해야 한다.

다시 포르노그래피의 경우로 돌아가보자. 일례로 예술적 감상 국면이 있는 포르노그래피의 감상은 성적으로 노골적인 대상에 주목하는 것이 아니라, 대상이 성적으로 노골적이라는 사실에 메타적으로 주목하는 것을 통해 이루어질지도 모른다. 그리고 주목의 성격이 이러한 특징을 갖는다면 이것이 성적 흥분을 위한 포르노그래피 감상을 방해하리라는 것은 당연해 보인다.

예를 들어 'POV^Point of View' 혹은 속칭 '곤조^gonzo' 포르노그래피(1인칭 시점으로 작성한 객관성이 떨어지는 기사를 '곤조 저널리즘'이라 부르는 데서 유래했으리라 추측한다)로 불리는 장르를 생각해보자. 성행위를 실연하는 포르노그래피 연기자가 자신의 눈높이에 카메라를 위치시켜 직접 조작하면서 행위를 하는 파트너의 모습을 자신의 관점에서 보듯이 촬영하는 방식이다. 이것은 포르노그래피가 실제 성행위의 대체물로서의 성격을 갖는다는 점에 착안해 더 실감나는 환상을 창출하기 위해 창안된 기법으로 감상자를 연기자의 위치에 놓이도록 한다.

이는 성적 흥분을 유발한다는 목표에 더 효과적일 수 있다. 감상자는 내용에 주목하면서도 기존의 기법과 다른 변화를 감지할 수 있을 것이다. 하지만 그것만으로 예술적 감상의 차원이 확보된다고 할 수는 없다. 이러한 상황에서도 만일 예술적 감상이 이루어질 수 있다면 이는 이러한 변화의 효과에 대한 메타적 인식(비록 '이러한 카메라 위치 덕에 더 실감이 난다' 정도에 머물더라도)이 이루어질 때 비로소 진행된다고 보아야 할 것이다.

모든 예술 감상은 그것이 오해나 착각 없이 그 대상을 예술로서 감상하는 것이기만 하면, 어느 정도의 메타적·비평적 차원을 포함한다고 보아야 한다. 물론 이러한 주장이 논쟁적일 수 있겠으나 전형적인 예술 감상은 단순한 것이건 세련된 것이건 결국 작품에 대한 비평적 진술을 만들어내는 것이고, 그 진술이 아무리 간단하고 조악하고 초보적일지라도 경험의 차원이 아닌 경험에 대한 메타적 차원인 것만은 인정할 수 있지 않을까 싶다.

예술 경험이 메타적 성격을 갖는다는 것을 강조하는 이유는 그럴수록 그것이 성적 흥분과 양립하기 힘들다는 것을 보이기 위해서다. 포르노그래피의 재현도 그것이 재현인 한 투명할 리 없지만, 그 정도로는 포르노그래픽 아트의 존재를 옹호하기에 충분하지 않다. 불투명한 부분에 대한 주목이 예술 감상이 될 수 있을 정도로 충분히 메타적이고 비평적이어야 하기 때문이다. 하지만 이러한 감상이 진행

되는 동안에는 포르노그래피의 본질적 기능인 성적 흥분
을 유발하는 일이 방해받거나 차단당한다.

이제 논의를 정리해보자. 우리가 포르노그래픽 아트는
아니더라도 어찌되었건 성적으로 노골적인 표현도 예술에
서는 허용되는 것이 타당하다고 믿는다면 그 이유는 무엇
인가? 어떤 대상은 포르노그래피와 구분할 수 없을 정도
의 노골적인 성적 표현을 담고 있지만, 실제 전달하려는 메
시지는 보는 이의 성적 흥분 유발이 아니라 성과 섹스와 육
체적 욕망, 인간성과 비인간성에 관해 이야기하려는 것일
수 있기 때문이다.

더 자기 지시적으로 말해 어떤 것이 포르노그래피와 구
별할 수 없이 닮았더라도 그것은 포르노그래피가 아니라
포르노그래피에 관한 것일 수 있다. 그렇게 하면 다 예술이
된다고 단정할 수는 없지만 예술이 된 포르노그래피는 그
러한 차원으로 이동한 것이고, 현대에 와서 이 가능성은 뒤
샹을 기점으로 삼거나 워홀을 기점으로 삼거나 언제나 열
려 있었다. 이들은 포르노그래피가 '아니라' 예술이다. 그
리고 그러한 방식으로 다양성과 새로운 가능성의 추구, 억
압으로부터의 해방, 전복과 폭로 등 소위 '노골적인 성적

표현을 담고 있는 작품도 우리 삶에 필요하고 가치 있다'는 주장을 할 때 그 이유로 거론되는 그 어떤 역할도 수행할 수 있을 것 같다.

양립 가능성 논제가 주장하듯이 '예술이 이 모든 일을 하되 포르노그래피로서의 정체성을 잃지 않고 수행할 수 있어야 한다'고 요청해야 할 이유가 과연 있을까? 포르노 그래픽 아트의 가능성에 대한 논의는, 그 덕에 지금껏 우리가 여기서 해온 것처럼 우리의 관행적 구분을 새삼 점검할 수 있게 해준다는 점에서 계몽적 가치가 있는 것은 사실이다. 하지만 그러한 범주를 도입해야 할 필요성은 의심스럽다. 그리고 지금까지의 논의가 그럴듯하다면 정말 가능할지도 모르겠다.

내용-기능 정의에 대한 반례로 어떤 것
이 가능할까?

우선 연인이나 부부가 자신들의 성적 흥분을 위
해 사적으로 찍은 사진이나 개인용 비디오를 생
각해볼 수 있다. 노골적인 성적 내용을 담고 있으
며 보는 이(이 경우 촬영의 대상이 된 자신들이 곧 유
일한 '의도된 관객'일 것이다)의 성적 흥분을 목적으
로 한다는 것을 인정할 수 있다면 개인 비디오는
내용-기능 정의를 만족한다.

하지만 숨겨진 다른 의도 없이 순전히 자신들을 위해 제작한 이러한 기록물이 포르노그래피인지에 대해서는 최소한 논쟁의 여지가 있다. 심지어 이것이 제작자들의 의도에 반해 유출되었을 때, 이를 유통한 사람에게 음란물 유통의 죄를 묻는 것이 타당할 수는 있어도, 그가 포르노그래피를 유통한 것은 아니라고 지적할 수 있다. 이러한 개인 비디오의 유출과 관련된 사건들을 흔히 '리벤지 포르노'라고 부르는 현상에 대해 그 용어부터 부적절하다고 보는 시각이 있다. '보복(리벤지)'이라는 어휘가 잘못 사용되었을 뿐만 아니라 그것은 '포르노'도 아니라고 보기 때문이다.

여기에 동의한다면 개인 비디오는 내용-기능 정의를 만족하고도 포르노그래피가 아닌 것이니 정의에 대한 반례가 될 수 있다. 물론 이 반례를 인정하지 않으려는 측에서 개인 비디오의 최우선 목적은 보는 이의 성적 흥분이 아니라 유대감이나 친밀감의 증가라고 재반박할 여지는 있다.

마이클 레이Michael Rae는 다음과 같은 사고 실험

thought experiment을 제시하기도 했다. 주어진 상황에서 무엇을 팔아야 가장 이윤이 남는지를 계산해 스스로 기업을 운영하는 가상의 컴퓨터 시스템을 상상해보자. 포르노그래피라는 말을 들어본 적도 없는 어느 섬의 자료를 입력시키자 이 시스템은 《플레이보이》와 유사한 잡지를 만들어 팔기 시작했다. 그러자 우리 사회에서 포르노그래피가 유통되는 것과 같은 이유로 그 섬에서도 그 잡지가 유통되기 시작했다. 그럼 이제 이 섬에는 포르노그래피가 존재하게 된 것으로 보아야 하지 않을까? 하지만 이 실험의 세팅대로라면 정작 제작자는 판매하는 물건이나 그 내용에는 전혀 관심이 없고, 오로지 이윤만을 목적으로 했다. 즉 '보는 이의 성적 흥분을 최우선의 목적'으로 제작하지 않은 것이 포르노그래피가 되었으니 내용-기능 정의는 하자가 있다는 것이다.

이것이 성공적인 반례인지에 대해서는 논란이 있을 수 있다. 예를 들어 이 사례에서는 컴퓨터의 분석 결과가 '성적 흥분을 불러일으키는 매체를

통한 이윤 극대화'로 읽히는 것을 방지하기 위해
(그렇게 읽힌다면 성적 흥분도 목적으로 한 것으로 볼
수 있으니까) "《플레이보이》 잡지와 유사한 것을
만들어 이윤 극대화"라고 기술하고 있다. 하지만
과연 이것이 얼마나 설득력이 있는지, '꼼수'인지
'묘수'인지는 따져볼 필요가 있다.

"포르노그래피의 재현은 투명하다"는
레빈슨의 주장에 반대하는 이유는 무
엇인가?

작품으로 재현된 대상은 우리가 그 대상을 직접
볼 때처럼 오롯이 내용만으로 경험되는 것이 아
니다. '유화로 그려진 장미꽃', '뉴스용으로 편집
된 사고 현장 비디오'처럼 그것을 재현하는 매체
와 함께 감상하게 된다. 유화나 TV 같은 매체의
개입이 심각할수록 그것들을 통해 함께하는 '장
미'나 '사고'의 경험은 불투명한 것opaque으로 취급된다.

포르노그래피는 성적 흥분arousal이 중심인 특정 반응을 요청하는데, 이를 위해서는 대상을 직접 보는 것과 유사해야 한다는 것이 레빈슨의 생각이다. 작품의 전달 수단, 형식, 매체, 태도 등에 대한 고려는 배제되어야 한다. 포르노그래피의 재현이 투명하다는 것은 이것이 마치 투명하고 왜곡 없는 유리창 너머로 실제 대상을 보는 것 같다는 뜻이다.

레빈슨에 따르면 예술(에로틱 아트)은 본질적으로 매체를 고려한 성적 자극stimulation을 추구하므로 불투명한 에로틱 아트와 투명한 포르노그래피 간에는 공통점이 없다.

하지만 원론적으로 모든 매체는 투명하지 않고, 모든 재현은 기본적으로 이중적이다. 재현되는 것(내용)과 함께 재현되는 방식도 보게 된다. 포르노그래피에도 당연히 재현의 형식과 태도가 포함되어 있고, 단순한 소비자라도 내용과 함께 이러한 재현 방식도 경험한다.

물론 우리가 포르노그래피를 대할 때는 전시회의 예술 사진(불투명성이 두드러진다)이 아니라 신문에 실린 보도 사진(상대적으로 투명하다고 볼 수 있다)을 보듯이 한다는 것은 분명하다. 그러므로 투명성이 다소 지나친 개념일 수는 있지만 이러한 점을 부각시키기 위한 용어로 양해할 수 있지 않겠느냐고 레빈슨을 변호할 수도 있을 것이다.

　　하지만 그림체가 중요 감상 포인트가 되는 불투명한 매체인 만화와 애니메이션도 포르노그래피를 위해 동원될 수 있다. 따라서 모든 포르노그래피의 재현이 투명하다는 이유를 들어 포르노그래피가 예술과 다르다고 주장하기는 힘들 것 같다.

3부

나쁜 농담, 이따위에 웃는 나도 쓰레기?

― 유머로 보는 예술의 도덕적 가치

농담이 비도덕적일 수 있을까? 여성 비하적 시각이나 인종차별적 관점에 동의하기를 요청하는 농담은 그렇게 볼 수도 있겠다. 하지만 이 비도덕성 때문에 농담의 가치라고 할 재미와 유머 반응이 반감되는가 하는 것은 또 다른 문제다.

철학으로 농담 분석하기

농담에 관한 철학적 문제

희극적인 것에 대한 우리들의 관심에 비해 이것이 본격적인 철학의 문제로 논의된 경우는 많지 않았던 것 같다. 아리스토텔레스의 『시학』이 시의 종류로 희극을 거론하고도 끝끝내 비극에 관해서만 논의하는 것처럼 희극, 유머, 웃음, 농담 같은 것들은 지적 논의에서 대체로 소외된 주제였다. 이 영역의 소외가 조직적이었다는 것이 『장미의 이름』에서 움베르토 에코가 펼쳐놓은 상상이다. 어찌되었건 들여다볼수록 단순하지 않은 가장 인간적인 이 활동을 이해하기 위해서는 앞으로 가야 할 길이 멀어 보인다. 그것도 다방면의 논의들이 종합되어야만 가능할 것이다.

철학자나 미학자가 관심을 가질 수 있는 유머와 관련된 문제를 나는 세 가지로 정리하려고 하는데, 현재 상황으로는 이들 모두 답을 제시하기는커녕 어떤 질문을 하고 논의를 어떻게 진전시켜야 할지조차도 설정하기 쉽지 않은 난제로 보인다.

우선 모든 철학적 질문의 핵심인 본질에 대한 논의, 즉 '유머의 본질은 무엇인가?'의 문제가 있다. 오랫동안 이 영역의 관련 주제들에 천착해온 연구자 중 한 명인 존 모리얼John Morreall의 편저에는 플라톤과 아리스토텔레스를 위시해 홉스, 칸트, 프로이트, 베르그송 등 주요한 철학자들의 웃음과 유머에 관한 언급들이 '전통적 이론들'이라는 주제 아래 망라되어 있다.

물론 그 양이나 주장의 내용으로 볼 때 단편적인 통찰을 넘어 이론이라고 부를 만한 것은 극히 일부에 불과하다. 그렇더라도 흔히 유머의 본질에 대한 전통 이론들이라 일컬어지는 세 종류의 이론이 이들의 어떤 주장에 근거해 제시되어온 것은 사실이다. 예를 들어 칸트나 허치슨의 언급에서는 '부조화 이론incongruity theory'의 맹아가 보인다고 하며, '우월감 이론superiority theory'은 홉스가, '해소 이론relief theory'은 프로이트가 천명한 것으로 간주된다. 하지만 이들이 과연 현대적 의미에서도 유머의 본질에 관한 이론일 수 있을지는 의문이다.

비록 부조화 이론이 다른 두 이론에 비해 보편성의 측면에서 상대적 우위를 점하고 있다는 게 일반적 견해이기는 하지만 여기에 아무 문제가 없는 것은 아니다. 오히려 그러한 본질은 있을 것 같지 않다는, 유머의 일반 이론에 대한 회의주의가 설득력을 얻는 듯하다. 테드 코헨Ted Cohen은 유머에 관한 전통적 입장이 모두 불충분하고, 만일 유머에 관한 일반 이론이 있다 해도 너무 모호해서 정보로서 가치가 없을 거라고 말한다. 이러한 점을 고려한다면 어쩌면 유머에 관한 철학적 논의가 최근에 와서야 비로소 이 전통적 이론들의 한계에 대한 반성과 더불어 시작되고 있다고 보아도 좋겠다.

두 번째 주제는 미학적인 질문으로 유머가 '미적인 것'의 일종인지를 묻는 것이다. 즉 유머의 경험을 미적 경험이라 할 수 있는지, 또는 유머를 미적 속성의 하나로 볼 수 있는지의 문제다. 전통적으로 유머는 미적 범주의 하나로 간주해왔다. 그러나 앞서 1부에서 보았듯이 미적인 것에 대한 현대적 논의는 그것이 미적 경험이건 미적 속성이건 논쟁적인 성격을 피할 수 없으므로 이 영역에 걸친 문제에 깔끔한 답변을 기대하는 것은 무리일 것이다. 어찌되었건 유머는 미적 효과, 미적 가치 측면에서도 접근이 가능한 주제이기도 하다.

유머와 농담에 관한 철학적·미학적 논의를 이끄는 세 번째 주제는 소위 '유머의 윤리'라고 부를 수 있는 영역이다. 모리얼이나 코헨의 선구적인 연구에서도 주요하게 다루어졌던 이 주제는 비도덕적 유머의 존재와 그것의 미학적·윤리적 함축을 다룬다. 특히 최근 분석미학에서 예술적 가치에 관한 논의가 폭넓게 진행되면서 미적·예술적 가치와 윤리적 가치의 관계에 관한 논의가 등장했는데, 그 안에서 새삼 유머와 그와 관계된 현상들을 어떻게 이해할 것인지를 생각해보는 계기가 제공되고 있다.

이번 장에서 유머와 농담에 대한 개념적인 이야기를 한 뒤, 다음 장에서는 작품의 비도덕성을 어떻게 판단할 것인지에 대한 일반론을 생각해보겠다. 그리고 나서 농담의 도덕성과 예술적 가치의 문제, 농담의 윤리 문제를 살펴보기로 하자.

농담과 유머와 웃음의 구별

농담과 유머와 웃음은 매우 긴밀하게 연계되어 있어서 느슨한 의미로는 서로 교환 가능한 것처럼 쓰이기도 한다. 예를 들어 '한국인의 웃음'이라고 표현할 때 여기서의 '웃음'은 '농담'을 뜻하기도 하고, '유머'를 뜻하기도 한다. 그러나 상식적인 선에서도 이들 간의 구별은 명백하고, 그러한 구별을 분명히 하는 것은 우리의 논의를 위해 중요하다.

유머란 우리말로 우스개라고 할 수 있는 것으로 말 그대로 '우스운 것'이다. 농담joke은 우스갯감으로 삼으려고 일부러 지어낸 이야기로 유머의 일종이지만 당연히 모든 유머가 농담은 아니다. 복덕방 의자에서 굴러 떨어지던 배삼룡 씨나 펭귄 분장을 한 심형래 씨의 짧은 다리 걸음 같은 슬랩스틱은 유머이지만 농담은 아니다. 의도적이지 않은 일상의 상황에서도 넘어지고, 미끄러지고, 휘청거리는 모습은 우스운 것이고, 그것이 과도해서 공포나 연민을 불러일으키지 않는 한 (혹은 심지어 그럴지라도!) 웃음을 자아낸다. 재치 있는 말이나 말장난도 농담과는 구별되지만 우스개로는 볼 수 있다. 따라서 일단은 우스개라는 측면에서 유머는 농담보다 포괄하는 범위가 넓은 것으로 보기로 하자.

그러나 다른 한편 농담과 유머는 그 층위가 다른 것일 수도 있다. 농담과 달리 유머는 우스운 대상의 종류를 가리키는 것만이 아니라 그러한 대상의 속성을 지칭하는 것으로도 볼 수 있기 때문이다. 아름다움과 숭고를 중심으로 진행된 미적인 것에 관한 전통적 논의는 흔히 우아함, 비장함the tragic 등과 함께 '골계滑稽, the comical'를 논의 대상에 포함시켜 왔는데, 해학으로 번역되곤 하는 유머는 골계의 하위 범주로 논의되었다.

그 하위 범주에서 또다시 유머, 풍자satire, 기지 혹은 재치wit, 반어irony를 구분하기도 했다. 물론 이러한 것들의 미적 '속성'이라는 측면을 강조하기 위해서는 '해학적임the humorous, being humorous', '재치 있음the witty, being witty'과 같은 표현이 더 정확할 것이다. 따라서 여기서 우리는 우스갯짓, 우스갯거리와 같이 웃음을 주는 대상을 가리키는 말로서의 유머와, 대상의 우스운 속성이나 웃음을 불러일으키는 특징을 가리키는 말로서의 유머를 구분한다는 것을 알 수 있다.

'유머 감각이 있는 사람'과 같은 표현도 그것이 우스움을 감지하고 구사할 줄 아는 능력을 지칭하는 것이라면 유머를 속성으로 보는 것과 더 관련이 있을 것이다. 따라서 이러한 관점에서 보자면 농담에 대한 논의와 유머에 대한 논의는 같을 수 없다. 이 둘의 차이는 농담이 소설이라면 유머는 더 포괄적인 범주인 문학이라는 식의 차이일 수도 있다. 하지만 더 중요하게는 농담이 마치 대상으로서의 예술작품을 가리키는 말이라면, 유머는 그것이 가진 속성 중 하나인 미적 속성을 가리킨다는 식의 차이로 볼 수도 있다.

유머가 우스움이라는 속성과 관련이 있다면 '우스움'과 '웃음'에는 어떤 차이가 있을까? 웃음은 일차적으로는 우리의 육체(호흡, 공기의 흐름, 얼굴 근육의 움직임 등)와 관련된 현상이다. 당연하게도 모든 웃음이 유머와 관련되지는 않는다. 우리는 허탈하고 황당해도 웃고, 당황하거나 부끄러울 때도 웃는다. 혹은 그러한 속내를 감추거나 아첨하거나 또 다른 사회적인 이유로도 웃을 수도 있다. 간지럽혀서, 심지어는 '웃음 가스'로 불리는 아산화질소에 의해 웃음이 유도될 수도 있다. 요컨대 재미를 느끼지 않고 웃는 경우, 즉 마음속의 즐거움을 동반하지 않는 웃음이 얼마든지 존재한다는 것이다.

그러나 이러한 웃음은 여기서의 우리의 관심거리가 아

니다. 쾌를 동반한 웃음 중에서도 성취감, 만족감, 안도감 등의 긍정적 감정에 동반되는 웃음이라면, 이들도 역시 우리의 논의 대상에서 배제할 수 있다. 즉 "왜 사냐면 웃지요"라고 말할 때의 웃음은 유머와 관련한 분석 대상이 아니다. 만일 '웃음의 이론'이라는 것이 이 모든 웃음을 포괄하는 현상에 대한 일반 이론이 되어야 한다면 그러한 이론은 당연히 기대할 수 없다. 육체적 현상으로서의 특징 이외에 여기에서 발견할 수 있는 공통점은 거의 없기 때문이다. 유머에 대한 논의가 웃음에 대한 논의와 같은 것일 수 없는 이유다.

따라서 만일 우리의 주제를 굳이 웃음으로 설정하고 싶다면 이는 농담과 유머와 관련된 웃음을 의미해야 한다. 다시 말해 '우스워서 웃는 웃음', 즉 미적 속성인 유머(우스움)를 지각해서 웃는 웃음만을 가리킨다. 유머의 지각이란, 농담이 왜 우스운지를 '이해'하는 것이 아니라 그것을 우스운 것으로 '느끼는' 것을 가리킨다. 이해는 했지만 우습지 않은 농담도 적지 않다.

그런데 이렇게 보기 시작하면 우리의 관심사로 제한된 웃음에서 우리가 궁금해하는 것은 외부적으로 관찰 가능한 행동 혹은 행위로서의 웃음이 아닌 것 같다. 우리는 우스울 때 소리 내어 웃는 대신 미소를 지을 수도 있고, 심지어 미소조차 짓지 않을 수도 있다. 웃음은 육체적인 것이지만 유머에 대한 반응으로서의 내적 심리 상태는 그럴 필요가 없기 때문이다. 따라서 우리의 문제는 미적 반응으로서의 '우스움'(육체적·생리적 변화를 동반할 수도 있고, 그러지 않을 수도 있는)이지 육체적 반응으로서의 '웃음'이 아니다. 슬픔과 눈물의 차이를 떠올려도 좋을 것 같다. "죽어도 아니 눈물" 흘릴 수도 있지만 슬픈 것은 슬픈 것이다.

유머에 대한 인과적 질문과 개념적 질문

유머에 대한 우리의 관심은 어떤 대상이 웃음을 유발할 때 갖게 되는 우리의 내적 반응에 관한 것이다. 우스움 혹은 유머를 대상이 가진 속성으로 보자. 그리고 그 속성의 지각으로 갖게 된 마음의 상태를 '유머 반응'으로 부르기로 하자. 이제 우리의 문제는 웃음의 본질이 아니라 유머 반응의 본질이다. 레빈슨이 제시하는 구분에 따르면 이러한 접근이 바로 개념적인 것이다. 개념적 질문은, 유머 반응이라는 개념을 구성하는 필수 요소는 무엇인가, 또는 속성으로서의 우스움의 본질은 무엇인가를 묻는 것이다. 이와 구별되는 인과적 질문은 무엇이 우리를 웃게 하는가, 또는 무엇이 유머 반응을 이끌어내는가를 묻는다.

이 논의는 잘 알려진 미의 주관성과 객관성에 대한 쉽게 끝날 수 없는 논쟁과 비슷하다. 만일 우리가 유머 반응의 주관성을 전제로 한 채 '어떤 때 우리는 대상이 우습다고 생각하는가?'를 묻는다면, 이 질문이 인과적으로 이해되는 한 이에 대한 적절한 답변은 얻기 어려울 것이다. 사람에 따라, 상황에 따라 어떤 것이든 우습게 생각될 수 있기 때문이다.

반면 이것을 개념적 질문으로 받아들여 우스움의 현상적 특징이 무엇인가를 묻는다면 어떻게 될까? 그 답은 '우습게 느껴짐'이라고 밖에는 달리 할 말이 없을 것이다. 우스움(유머)이 미, 숭고 등과 같은 일종의 미적 반응일 수 있다면, 내적·심리적으로 느껴지는 그것의 특징은 일종의 쾌일 수밖에 없을 것이다. 미의 즐거움과 숭고의 즐거움이 대상의 차이(전자는 비례와 조화를 갖춘 대상, 후자는 압도적 크기를 가진 대상)에 따른 구별 이외에는 현상적으로 설명하기 어려운 것처럼, 유머의 쾌로서의 독특함도 역시 현상적으로는 별도로 기술할 방법이 아마 없을 것이다.

하지만 분명하게 구별할 수 있는 현상적 특징은 아니더라도 개념적으로 유머 반응의 즐거움을 특징짓는 요소는 없는 것일까? 레빈슨은 여기서, 앞서 우리가 문제의 핵심은 아니라고 했던 웃음이 중요한 개념적 요소로 기능할 수 있다고 제안한다. 그는 어떤 것이 유머가 될 필요충분조건이란 "그것이 저변의 다른 이유 없이 단지 그것을 인지하는 것만으로 적절한 위치에 놓여 있는 사람(즉 정보의 측면, 태도의 측면, 감정의 측면에서 준비된 사람)에게 특정한 쾌의 반응을 불러일으키는 성향을 가졌다는 것이며, 이때 이 반응의 정체성은 웃음이라는 추후의 현상을 자아내는 경향성에 의해 특징지어진다"고 제안한다. 즉 유머 반응의 특징은 '웃음을 웃게 하는 경향성'을 필연적 특성으로 가지고 있는 쾌라고 말할 수 있다는 것이다.

딸 아이 재롱잔치에서 고사리손으로 연주하는 피아노곡을 들으며 미소가 번질 수도 있겠지만, 그 즐거움은 반드시 '웃음을 웃게 하는 경향성'과 관계된 즐거움이라고 볼 수는 없다. 따라서 이러한 즐거움은 유머가 아니다. 노력 끝에 달성한 성취의 즐거움, 갑자기 맞이한 행운의 즐거움,

심지어 만족스러운 식사에 대한 반응으로서의 즐거움도 웃음을 웃게 할 수는 있지만, 이러한 종류의 즐거움을 설명하는 데 웃음을 웃게 하는 경향성이 필연적이지는 않다. 하지만 유머의 즐거움은 바로 그러한 경향성을 가진다는 것이 필연적 특징이라고 할 수 있다.

필연적 특성이 '경향이 있다'이므로 이것은 우리가 유머 반응을 가지면 반드시 '웃어야 한다'를 의미하지 않는다. 실제 그 경우에 웃지는 않았지만 마음속에 느낀 것은 다른 식의 즐거움이 아닌 웃음을 웃게 하는 식의 즐거움이었다고 설명하면 된다. 그 현상적 느낌은 사적이고 개인적이겠지만 적어도 이 '웃음을 웃게 하는 식의 즐거움'이 바로 유머의 필요조건이 될 수 있다.

부조화 이론의 가능성과 한계

이제 마지막으로 '무언가 우습다면 그 대상은 어떤 속성을 지니는가?'라는 질문을 생각해보자. 이는 우스움이라는 속성에 해당하는 대상의 형식적 특징을 찾는 문제다. 주관성을 강조하는 입장에서는 그러한 형식적 특징의 존재에 대해 회의적일 것이다. 사소한 것으로도 깔깔대는 아이들을 보면서 '구르는 낙엽만 봐도 우스운 나이'라고 말하는 것처럼, 어떤 대상이건 주관의 상태에 따라 우습게 느껴지는 데 제한이 없다는 입장은 미학의 역사를 돌아볼 때 드문 경우도 아니다.

그렇더라도 구르는 낙엽이 과연 우스움에 해당하는 '속성'을 가졌는가라는 질문이 여전히 유효해 보이는 측면이 분명 존재한다. 반응과 묶인 인지적 요소, 대상의 형식적 요소가 있을 수 있기 때문이다. 사실 구르는 낙엽은 일반적으로는 우스울 게 전혀 없다는 전제가 깔려 있기에 위와 같은 관용구도 생긴 것 아니겠는가? 비록 우스움이 반응 의존적 속성이긴 하지만 대상의 어떤 형식적 특징을 거론할 수는 있을 것 같다. 전통 이론에서 이것에 해당한다고 본 것이 바로 대상의 '부조화incongruity'다.

부조화 이론은 유머에 관한 전통적인 세 가지 이론 중 가장 선호되는 이론이다. 모리얼을 위시해 캐럴과 레빈슨은 모두 부조화 이론이 유머에 관해 기본적으로 옳은 방향의 이론이라는 데 동의한다. 캐럴에 따르면 이외에도 쇼펜하우어, 키르케고르, 나아가 논쟁의 여지는 있더라도 칸트와 베르그송도 부조화 이론의 지지자로 분류할 수 있다.

여기에는 이유가 있다. 유머의 본질이 대상이 가진 부조화의 지각과 관련되어 있다는 입장은 최소한 우월성 이론이나 해소 이론보다는 폭넓게 적용되고, 반례의 가능성도 적기 때문이다.

홉스는 웃음이란 "다른 사람 혹은 자신의 과거와 견주어 자신이 우월하다는 생각에서 나오는 갑작스러운 영예"를 표현하는 것이라고 이해했다. 이 '우월성 이론'으로 바나나 껍질을 밟아 미끄러지는 사람이 우스운 것을 설명할 수는 있다. 하지만 '태정태세비온세'나 '로봇의 왕은 위~잉 치킹' 같은 말장난 유머에 우월감이나 "갑작스러운 영예"가 어디 개입되어 있는지는 생각하기 어렵다.

갑작스러운 변화로 치자면 오히려 웃음이란 "우리의 기대가 긴장되었다가 갑자기 아무것도 아닌 것으로 사라져버리기 때문"이라고 한 칸트의 견해가, 반전을 동반한 펀치 라인punch line에서 웃음을 유발시키는 구조를 가진 대개의 농담, 대개의 말장난, 대개의 해학적·풍자적 언급에 대한 더 적절한 설명이다. 큰 틀에서 이들 모두는 바로 펀치 라인 이전의 일반적 예상과 그 이후에 등장한 것 사이에 존재하는 부조화를 지각한 것이 웃음을 가져왔다고 설명할 수 있다.

그러나 내가 보기에 광범위한 설명력은 부조화 이론의 장점인 동시에 이론의 적절성을 의심할 이유가 될 수도 있을 것 같다. 정상적으로 걸어가야 할 사람이 바나나 껍질을 밟아 미끄러지니 부조화이고, '치킹' 같은 기계음 의성어가 왕을 의미하는 '킹'이 되었으니 부조화라고 할 수는 있다. 캐럴은 농담의 관습 자체를 농담의 소재로 삼는 소위 '메타 조크'(예를 들어 한때 유행했던 최불암 시리즈나 허무 개그 같은)의 개념을 도입하면서, 이런 농담 역시 기존의 펀치 라인이 무시되고 농담의 관습이 깨지는 것이므로 부조화 이론으로 설명할 수 있다고 본다. 뭔가 재미있는 게 나오리라는 예상이 깨진 상태가 부조화라는 것이다.

하지만 실로 모든 과장, 모든 부조화, 모든 비정상, 모든 규범의 무시나 왜곡(개념적, 논리적, 언어적 규범, 전형성, 나아가 도덕성이나 예절까지도)이 부조화로 간주될 수 있다는 것이 과연 이론의 장점일까?

물론 이는 주어진 경우가 유머 반응을 유발하면 그것이 어떻게든 부조화 이론의 틀 안에서 설명된다는 것을 보이기에 유리할 것이고, 따라서 대상이 가진 부조화가 유머와 웃음의 충분조건은 아니지만(우리가 모든 부조화에 웃는 것은 아니니까) 필요조건은 된다고 주장하고 싶을 것이다. 하지만 부조화의 개념이 이렇듯 열려 있다면, 그래서 너무 단순한 것도 지나치게 복잡한 것도 모두 부조화라는 개념에 포섭된다면 이는 실질적인 차이를 무시한 작위적인 결과를 낳게 된다.

예를 들어 중력의 법칙이 깨진 경우와 양다리 연애를 하는 경우를 놓고, 결국은 표준이나 규범이라 할 만한 무언가가 깨진 것이 이 둘 사이의 실질적인 공통점이라고 한다면, 이러한 설명의 적절성은 충분히 의심할 만하다. 부조화 이론에 대한 의구심은, 이질적인 내용에도 불구하고 이 모든 것들이 결국 부조화이기 때문에 유머와 관련이 있다고 주장해도 될지 의심스럽다는 것이다.

속성으로서의 유머의 형식적 특징을 찾는 일은 난제다. 한편으로는 그저 '우습게 느껴지는 것' 말고는 어떤 형식적 대상도 가지고 있지 않다고 해야 할 것 같지만, 다른 한편으로는 유머라는 속성의 규범성도 인정할 수밖에 없을 것 같다. 즉 '여기에는 유머라는 속성이 있다(혹은 없다)'라는 진술이 참이 되는 상황이나 맥락이 있다고 해야 할 것 같다.

우리나라 전래 수수께끼 중에 '방귀 먹고 사는 것은?'이라는 게 있다. 답은 '누에'인데 누에가 뽕나무 잎을 먹기 때문이다. 이 수수께끼를 재미있게 들은 한 사람이 자기 친구에게 이 이야기를 해주려다 실수로 "뽕 먹고 사는 게 뭐게?"라고 해버렸다는 옛날 우스갯소리가 있다. 유머라는 속성이 어떻게 기술되건 간에 그것은 '방귀 먹고 사는 누에'에는 존재하지만 '뽕잎 먹고 사는 누에', '바람에 구르는 낙엽'에는 존재하지 않는 속성일 것이다.

물론 '바람에 구르는 낙엽'이 유머가 되는 맥락이 제시될 수 있다. 그 경우는 다시 그 맥락 전체가 규범적 판단의 대상이 될 것이다. 그저 '내가 우습게 느꼈어'라는 주관적인 판단을 유머라고 하지는 않아야 할 것 같다. 아직은 그 형식적 특징을 규정할 수 없지만 우리의 논의를 위해서는 이러한 미적 속성 판정의 규범성을 존중하는 입장, 즉 누군가에게 우습게 느껴지는 모든 것이 실제로 우스운 것은 아니라는 입장을 조심스레 전제해보기로 하자.

예술이 도덕적 문제를
가질 때

예술에 대한 도덕적 평가

충분하지도 않고 확실한 결론이 제안된 것도 아니지만 농
담과 유머의 본질에 대한 앞 장의 논의를 바탕으로 이제 유
머의 윤리에 대해 이야기해보자. 이 논의는 나쁜 유머, 즉
비도덕적인 농담이 있음을 전제로 하는데, 과연 어떤 농담
이 비도덕적인가, 농담이 도덕적 평가의 대상이 되기는 하
는 것일까 등의 질문으로부터 시작할 수 있다. 그런데 이러
한 질문들은 예술에 대한 도덕적 평가와 관련된 오랜 논쟁
을 그대로 반영하고 있다. 농담의 비도덕성을 다루기 전에
더 일반적인 주제인 예술의 비도덕성에 관한 이야기부터
시작해보자.

우선 가장 기본적으로 예술작품이 도덕적 가치 평가의 대상이 될 수 있는지를 물어야 할 것이다. 오스카 와일드의 "도덕적인 책도 비도덕적인 책도 없다. 잘 쓰인 책과 잘못 쓰인 책이 있을 뿐이다"라는 말이 대변하는 극단의 낭만주의적 입장도 있겠지만 엄밀한 의미에서 이는 타당하지 않다. 의도의 산물이고 감상자에게 영향을 끼칠 수 있는 대상인 예술작품은 다른 모든 문화 산물이나 제도가 그렇듯 분명히 도덕적 평가의 대상이 될 수 있다.

다만 그러한 도덕적 평가가 예술적 가치 평가에 영향을 주는지가 문제일 것이다. 따라서 우리의 질문은 '어떤 예술작품이 도덕적이라는 이유로 예술적으로도 좋은 작품이 될 수 있을까?' 또는 '비도덕적인 작품은 그 이유로 인해 예술적으로도 나쁜 작품이라고 보아야 할까?' 정도가 될 것이다.

예술과 도덕의 문제가 거론될 때 자주 등장하는 고전적인 사례가 레니 리펜슈탈 감독의 〈의지의 승리〉라는 다큐멘터리 영화다. 1934년 뉘른베르크에서 열린 나치 전당대회를 기록한 이 작품은 나치를 찬양하는 잘 만든 영화라는 이유로 '미와 악'이 공존한다는 평가를 받는다. 새로운 독

일에 대한 애국심과 희망, 그 지도자 히틀러에 대한 존경이라는 메시지가 사유 이전의 감각적인 차원에서부터 받아들여질 수 있도록 하기 위해 촬영과 편집에서 발휘된 리펜슈탈 감독의 예술적 기교와 선택은 향후 거의 모든 '선전' 영화에서 참조했다고 할 만큼 탁월한 것으로 평가된다. 세계사에 기록된 사악한 정치 집단을 찬양했다는 이유로 이 작품의 이러한 예술적 가치가 반감되어야 할까?

이 질문에 대해 우리가 익숙하게 들어온 대답은 '아니다'였다. 영감의 산물로서의 예술, 천재의 자유로운 상상력, 미적 영역과 미적 가치의 고유성, 순수한 형식에 대한 주목 등 근대와 현대에 걸쳐 발전해온 미학적 개념들과 그를 통한 예술의 자율성과 독립성 옹호를 배경으로 할 때, 그럴 수밖에 없다. 예술은 도덕적 교화처럼 '예술 이외의' 목적을 가질 수도 있지만, 그것이 예술의 고유한 목적이 아닌 한 예술적 가치와 도덕적 가치는 별개라는 것이다. 이를 자율주의라고 부를 수 있다.

그러나 1990년대를 거치면서 이처럼 당연해 보였던 견해를 재고하게 하는 작품과 미학적 논의들이 등장하기 시작했다. 이는 낭만주의와 모더니즘을 거치면서 도덕적 기준에 의한 예술 평가를 부정해온 예술지상주의와 순수형식주의 같은 입장이, 오히려 예술의 본질과 기능에 대한 왜곡되고 일면적인 이해는 아니었는지에 대한 현대의 반성과 관련이 있는 듯하다.

분석미학의 진영에서도 예술이 미적 이외의 가치, 즉 인지적 가치나 도덕적 가치를 가지는지, 그것들이 예술적 가치의 하나가 될 수 있는지 등에 대한 새로운 논의들이 등장했고, 이와 더불어 도덕적 가치와 예술적 가치의 연관에도 의문을 갖기 시작했다. 예를 들어 도덕적 가치와 예술적 가치는 별개지만 도덕적 가치 평가를 받아야 하는 국면이 언제나 예술적 가치 평가를 받아야 하는 국면에 영향을 끼친다거나, 아니면 더 나아가 두 종류의 가치가 결국 같은 국면을 평가하는 거라는 입장을 취하는 경우도 있다. 이러한 입장을 도덕주의 혹은 윤리주의라고 부른다.

한편 도덕적 가치와 예술적 가치 간의 영향을 인정하면 그 연계 양상에 대한 질문이 이어질 수 있다. '도덕적 가치와 예술적 가치가 관련되면 도덕적 가치의 증가는 예술적 가치의 증가를 초래하고, 비도덕성의 증가는 예술적 가치의 감소를 초래하는 식으로만 연계되는가?'

상식적인 입장은 '그렇다'고 대답할 것이다. 그러나 항상 그러한 것은 아니고, 경우에 따라서는 오히려 비도덕적이어서 예술적 가치가 높아질 수 있다고 생각하는 학자들도 있다. 굳이 이 그룹에 이름을 붙이자면 맥락주의 혹은 비도덕주의라고 할 수 있다.

그런데 논의를 진행하기 위해서는 먼저 작품의 도덕적 가치 평가는 무엇을 기준으로 하는가의 문제가 제기될 수 있다. 작품은 다양한 차원에서 도덕적 문제를 일으킬 수 있다. 하지만 모든 측면의 도덕적 문제가 모두 예술적 가치와 연계된다고 할 수는 없기에 논의가 필요하다. 제임스 해럴드 James Harold 의 구분을 참고로 생각해보자.

작품의 도덕성을 판단하는 정황적 이유들

작품은 우선 제작 과정의 문제로 도덕적 평가를 받을 수 있다. 조엘 피터 윗킨 Joel-Peter Witkin 은 기형적 신체를 가진 사람들이나 시신을 소재로 사진 작업을 하는 작가다. 만일 그가 사진의 소재인 시신을 획득하는 과정이나 모델의 허락을 얻는 과정에서 석연치 않은 점이 있었다면 이는 그러한 의미에서 비도덕적인 작품으로 불릴 수 있다.

베르나르도 베르톨루치^{Bernardo Bertolucci} 감독이 악명 높은 〈파리에서의 마지막 탱고〉의 성적 장면을 촬영하면서 여자 배우의 동의를 충분히 얻지 않고 진행했다는 사실이 나중에 알려진 바 있다. 설령 부풀려지거나 왜곡된 부분을 바로잡는다 하더라도 이 작품은 인권 침해라는 도덕적 비난에서 벗어나기 어렵다.

허비되는 생명에 주목하는 사람이라면, 천 마리도 넘는 가재와 뱀과 개구리를 꼬치에 꿰어 만든 중국 작가 펭 유^{Peng Yu}의 〈커튼^{Curtain}〉이라는 작품과 수천 마리의 나비에서 잘라낸 날개가 필요했을 데미안 허스트^{Damien Hirst}의 〈용서^{Forgiveness}〉를 비롯한 유사 작품들에 충분히 도덕적 문제를 제기할 수 있다. 이 외에도 제작진의 식사 시간을 잘 지켜 주었던 봉준호 감독에게 쏟아진 '윤리적' 칭찬에 이르기까지, 제작 과정의 윤리적 측면은 다양하게 지적될 수 있다.

한편 특정인을 비방하거나 모독할 의도로 만들어진 작품, 또는 반대로 도덕적 문제가 있는 인물이나 사건을 정당화하거나 신성화하려는 의도로 만들어진 작품이 있다면 의도가 잘 구현되었건 아니건, 또 그러한 모독에 성공했건 아니건 여전히 의도적인 면에서는 비도덕적인 작품으로 불려도 될 듯하다. 그러나 작품의 제작 의도가 작품과 독립적으로 비교적 명백하게 알려진 경우보다는, 작품을 수단으로 그러한 의도를 추정해야 하는 반대의 경우가 더 많기에 논쟁이 끊이지 않는다.

예를 들어 사진작가 안드레 세라노Andres Serrano의 〈오줌 예수Piss Christ〉가 실제로 기독교에 대한 모독을 의도해 만들어진 것으로 밝혀진다면 그 의도에 대해서만큼은 도덕적 비난이 정당할 수 있다. 하지만 작가가 그러한 의도를 부정하고 있고, 평론가 루시 리파드Lucy Lippard의 해석을 비롯해 신성 모독 이외에도 이 작품의 의미를 그럴듯하게 설명해주는 다른 해석이 존재하는 한 십자가의 예수님 상을 오줌 속에 넣었다는 것만으로 작가의 의도를 일방적으로 추정하고 그것을 근거로 작품이 비도덕적이라고 판단하기는 어려울 것이다.

그러나 무엇보다도 가장 흔한 것은 작품이 감상자들에게 끼친 영향이나 효과적 측면에서의 평가일 것이다. 사실 우리의 사회적 통념에서 외설을 비롯해 도덕적인 문제작으로 거론되곤 하는 작품들은 '인간성을 타락시킬 것'이라는 해묵은 우려를 위시해 대개 '감상자에게 미치는 혹은 미치리라 예상되는 영향력'을 근거로 판정된 경우들이다. 이는 아무런 지식도 주지 못하는 시^詩가 인간을 정서적으로 뒤흔드는 것을 걱정한 플라톤 시대부터 확립된 유구한 전통의 판단 기준이다.

하지만 아무리 사회적 상식이 된 기준이라도 이것을 '작품의' 도덕적 가치 평가의 기준이라고 보기에는 우려되는 점이 있는데, 영향이나 효과는 우연적이고 가변적인 경우가 많기 때문이다. 예를 들어 작품의 의도된 내용과는 무관하게 발생한 효과, 또는 작품의 어느 한 부분에 대한 반응으로 발생한 효과 때문에 그 작품을 비도덕적이라고 규정하는 것은 타당하지 않다.

확인할 바 없는 도시의 괴담이겠지만 만일 〈Gloomy Sunday〉라는 곡이 실제로 30년대 헝가리 자살률 증가에 기여했다 하더라도 그 곡에 자살을 부추기는 내용이 들어 있지 않다면 이 작품을 비도덕적이라고 할 수는 없다. 사실 어떤 상황에 처한 사람에게 어떤 음울한 곡이 심리적으로 어떤 영향을 끼칠 가능성이 있다 하더라도 그것은 순전히 우연에 불과하다는 점을 더 이상 이야기할 필요는 없을 것이다. 자유민주주의를 찬양한 소설이 정정이 불안정한 국가의 군부를 자극해 오히려 반민주적 쿠데타가 촉발되었다고 가정해보자. 그렇다고 이 소설을 비도덕적이라고 할 수는 없지 않겠는가?

물론 효과에 대한 논의는 이것이 끝은 아니다. 작품과 무관한 우연한 사회적 효과로서의 도덕성과, 작품이 그것을 주의 깊게 이해한 감상자에게 촉발할 개연성이 큰 인지적 효과로서의 도덕성 간의 구별은 어렵긴 해도 시도할 필요가 있다. 이는 넷째 장에서 논의해볼 것이다. 그전에 예술을 예술로 취급하는 데서 나오는 도덕적 가치를 먼저 구별할 필요가 있다. 지금까지 이야기한 제작 과정, 제작 의도, 사회적 효과 같은 평가 기준들은 예술이 아닌 것에도 적용될 수 있는 이유이기 때문이다.

제작 과정이나 효과를 평가하는 것은 예술을 일반 사물과 같이 취급해 도덕적 평가를 하는 것이다. 물론 예술도 당연히 그러한 평가를 받을 수 있는 대상이어야 하지만, 그러한 도덕적 문제라면 예술적 가치와 연관된다고 주장하기는 어렵다. 예술로서의 가치에 영향을 줄 만한 도덕성을 평가하기 위해서는 내적 이유로 작품의 도덕성이 지적되어야 한다.

내적 이유: 관점의 도덕성

내적 이유가 무엇인지는 작품의 메시지, 관점, 해석과 같은 말들을 통해 어느 정도 짐작할 수 있게 이미 제시되었다. 예술작품을 문자 그대로 인격체로 볼 수는 없다 하더라도 작품은 어떤 태도와 관점을 표명하기도 하고, 특정 메시지에 대한 찬반을 드러내기도 한다. 물론 이것이 실제 작가의 태도와 관점을 그대로 반영하는 경우도 있지만 반드시 그런 것은 아니다.

상상력이 풍부한 작가라면 자신이 믿지 않는 태도와 관점을 드러내는 작품도 쓸 수 있을 것이다. 우리는 해석을 통해 작품의 관점과 태도를 대변하는 '내재하는 저자implied author'를 상정할 수 있다. 하나의 작품에 내재하는 저자는 일인칭 소설의 내레이터와는 또 다르다. '나'를 관찰자로 등장시켜 실제 저자가 믿고 있는 것과 다른 세계관을 표명하는 소설이 있다면, 이 소설의 관점은 실제 저자의 관점도 '나'의 관점도 아닐 것이다.

바로 이러한 작품에 '내재하는 저자'가 도덕적으로 비난받을 수 있는 태도를 주장하거나 승인하고 있다면 해당 작품은 예술의 내적 기준에서 비도덕적인 작품이 될 수 있다. 혹은 이를 '작품이 규정하는prescribe' 반응, 작품이 '요청하는' 반응에 대한 평가로 보는 이도 있다. 다시 말해 작품은 감상자들에게 도덕적 함축을 가진 특정한 전제에 동의하라고 요청하거나 상상을 통해서라도 그렇게 반응하라고 규정할 수 있다.

예를 들어 성차별이나 인종차별적인 묘사를 하는 작품이 감상자들에게 그에 대한 반감을 당연한 반응으로 요청하는 관점을 취할 수도 있지만, 반대로 그에 대한 동의를 요청하는 관점을 취할 수도 있다. 즉 서술 방식이나 태도를 통해 감상자로 하여금 이러한 인종 차별적 시각이 세계에 관한 당연한 사실이라는 점에 동의하기를 요청할 수 있다는 것이다. 따라서 이러한 요청에 비도덕적 내용이 담겨 있다면 그러한 작품은 비도덕적이라 할 수 있다.

캐럴은 브렛 이스턴 엘리스Bret Easton Ellis의 소설 『아메리칸 사이코』가 그와 같은 사례라고 제안한다. 잔인한 연쇄살인을 희극적으로 보아주기를 요청한다는 것이다. 이 작품은 1980년대의 탐욕스러운 미국 사회에 대한 풍자로 볼 수 있다. 하지만 살인에 대한 적나라한 묘사가 도덕적으로 견디기 어려웠던 감상자들은 여기에 풍자나 블랙코미디에 적절한 반응을 해달라는 작품의 요청에 반응할 수 없었을 것이다. 캐럴은 이것이 바로 작품의 도덕적 결함에서 유래한 예술적 결함의 사례라고 말한다.

결국 예술적으로 관련이 있는 도덕적 평가란 '내재하는 저자'의 도덕성으로 보건, '요청하는 반응'의 도덕성으로 보건 일단은 해석이라는 합리적 과정을 통해 드러난 작품의 관점을 평가하는 것으로 이해할 수 있다. 이는 전기적 자료를 통해 드러난 실제 작가의 관점이 아니다. 작품의 태도나 관점이라는 말로 실제 작가를 평가한다면 이는 다시 의도와 같은 정황적인 요소의 평가로 후퇴하는 것이다.

비도덕성의 판정을 이러한 예술에 내재된 기준에 의존할 경우, 이는 현실에서 일어나는 비도덕적 예술에 대한 많은 논의를 다소 김빠지게 할지도 모르겠다. 실제로 도덕적 문제의 논란에 휩싸였던 작품 중 다수는 사회적 파장이나 예상되는 효과의 차원이 아니라 그 작품이 지지하는 관점의 차원에서 본다면 비도덕적이라고 평가될 이유가 없기 때문이다.

그러한 것을 보여주는 하나의 사례가 외설 논쟁이 있었던 메이플소프의 작품들에 대한 단토의 해석과 옹호다. 분석미학자이면서 동시에 탁월한 미술 비평가이기도 했던 단토는 메이플소프 작품들의 의미를 해석하고 의의를 평가하는 글『Playing with the Edge』를 출간한 바 있다. 대표적으로 문제가 되었던 작품은 연인 사이인 두 남성 중 한 사람이 상대방의 입에 소변을 누고 그 사람은 이를 기꺼이 받아 마시는 장면을 세 장의 사진으로 보여주는 〈짐과 톰, 소살리토〉였다. 인간이 가진 두 가지 가장 기본적인 금기를 동시에 깨고 있는 이 작품에 대한 비난과 논란은 격해졌고, 미국의 보수적 국회의원들은 "예술로 사기를 치지만 실제로는 포르노그래피 제작자"인 메이플소프에게 국민의 세금으로 조성된 예술진흥기금을 지원한 것에 분노의 목소리를 내기도 했다.

단토는 자신의 평론문에서 외설 이야기를 꺼내기 위해 잘 알려진 사진작가 게리 위노그랜드 Garry Winogrand의 〈여성은 아름답다〉 시리즈에 속하는 작품들을 거론한다. 그 시리즈에 속하는 거의 모든 사진이 그렇듯이 무심히 길거리를 지나다가 위노그랜드의 '스냅' 사진에 포착된 여성들은 '무방비'로 다른 이의 시선에 붙잡힌 상태로 놓여 있다.

일차적으로는 카메라를 든 위노그랜드가 바라보는 대

상이기도 하지만, 동시에 그의 사진 속에는 대상인 여성을 그 여성 모르게 보고 있는 또 다른 남성이 등장하는 경우가 대부분이다. 여성들의 노출이 노골적인 것은 전혀 아니다. 하지만 '도촬'에 가까울 만큼 여성을 대상화해 보고 있는 작가와 사진 속 남성들의 관점은 숨기기 어려울 만큼 노골적이다. 위노그랜드도 인터뷰 등을 통해 그것이 바로 자신의 관점이라는 것을 부인하지 않았다. 이러한 정황을 모두 고려하면 〈여성은 아름답다〉라는 제목조차도 복잡한 생각을 불러일으킨다.

단토가 말하고자 하는 바는 이러한 위노그랜드의 작품이야말로 외설적이며, 따라서 외설이냐 아니냐를 옷을 입었느냐 벗었느냐의 차이로 구분할 수는 없다는 점이다. 단토는 메이플소프의 작품이 성의 노출이 노골적이지만 성을 주제로 삼는 데 있어서 정직함이 드러나며 금기에 대한 도전이 솔직하고 천진하게 이루어진다고 말한다. 메이플소프는 성 소수자로서 자신의 정체성을 숨기지 않은 채 찍히는 대상과의 신뢰관계를 구축했고, 그래서 작가가 피사체로 관찰한 '그들'이 아니라 그들이(혹은 작가까지 포함된 '우리'가) 자신을 어떻게 보여주고 싶은지를 이해하고 그것이 잘 나타나도록 했다는 것이다.

따라서 작품이 어떤 관점을 취하고 있고 어떤 반응을 요청하느냐의 측면에서 도덕성이 평가되어야 한다면, 많은 사람들을 불쾌하게 하고 국회의원들의 분노를 유발했다 하더라도 이 작품을 비도덕적이라고 판단할 수는 없을 것이다. 반면 수년 전 한국 전시까지 큰 논란 없이 마친 위노그랜드의 〈여성은 아름답다〉에 포함된 다수의 작품은 비도덕적이라고 말할 수 있다.

포르노그래피와 재현의 관점

관점을 기준으로 한 도덕성 평가가 예술에 내재된 기준으로 '작품 자체'를 평가할 수 있다는 장점이 있기는 하지만, 다음 장에서 보게 되는 것처럼 예술작품의 도덕성 평가의 최종 결론은 아닐 수도 있다. 그러나 어찌되었건 관점의 도덕성이라는 기준은 2부에서 이야기한 포르노그래피의 여성차별적 성격에 대한 논의에도 주름을 하나 더 만들 수 있다.

물론 포르노그래피는 예술이 아니기에 효과나 의도 같은 외적인 요소로만 도덕성을 평가해도 아무 문제없다는 주장도 충분히 가능하다. 그러나 2부에서 거론했던 대로

'성차별적 관점의 승인'이 포르노그래피의 도덕적 문제점이라고 했을 때, 무엇이 재현되고 있는가와 그 재현의 관점이 무엇인가의 구별은 여기에서도 문제가 될 수 있다.

포르노그래피를 검열하기 위한 드워킨-매키넌 조례는, 포르노그래피를 인권 침해 사례로 기소하려는 목적에서 성적으로 노골적인 이미지나 언어적 묘사가 다음과 같은 내용을 포함할 때 이를 포르노그래피로 간주해 처벌할 수 있도록 하고 있다.

> 여성이 성적 대상, 물건, 상품으로 비인간화되어 묘사되는 경우, 여성이 모욕이나 고통을 즐기는 성적 대상으로 묘사되는 경우, 여성이 강간이나 근친상간, 기타 성적 공격을 당할 때 성적 쾌감을 느끼는 성적 대상으로 묘사되는 경우, … 여성의 신체 일부가 전시되어 여성의 전 인격이 마치 그러한 신체의 일부와 동일한 것으로 묘사되는 경우….

앞에서 보았듯이 여기서의 전제는, 이러한 여성 비하와 폭력적인 재현은 곧 여성에 대한 그러한 태도를 승인하는 관점을 가진 이미지라는 것이다. 하지만 메이플소프의 경

우에서 보았듯이 재현된 것의 내용이 곧 재현의 관점은 아
닐 수 있다.

물론 통상적인 포르노그래피가 이러한 폭력적인 내용
을 재현하면서 여성에 대한 태도에 있어서는 그와 다른, 예
컨대 비하가 아닌 존중의 관점을 제안한다고 추측하는 것
은 비상식적이다. 그러나 그것은 유통되는 통상의 포르노
그래피를 여성 비하적 관점을 승인하는 것으로 해석하는
것이 합리적이기 때문이지, 재현의 내용이 곧 재현의 관점
이라는, 즉 "예속 관계를 묘사하는 이미지가 바로 예속적
이미지"라는 매키넌의 원칙이 타당하기 때문은 아니다.

1부에서 언급했던 굿맨의 재현에 관한 설명을 좀 더 고
려해보자. 그의 구분에 의하면 우리가 통상적으로 사용하
는 재현의 '내용'이라는 말은 두 가지를 의미할 수 있는 애
매한 표현이다. 굿맨은 하나의 그림이 거기에 그려진 것을
재현하는 관계는 '닮음'에 의해서가 아니라 지칭denotation관
계로 파악해야 한다고 주장한다.

내가 그린 기린 그림이 기린을 재현하는 것은 우리가 흔
히 생각하는 대로 내 그림과 실제 기린이 닮았기 때문이 아
니라는 것이다. 내가 그린 기린 그림은 종이 위의 연필 자

국인데, 굿맨은 이것이 3차원적 대상인 실제 기린보다는 종이 위의 다른 연필 자국, 예를 들어 내가 그린 하마 그림이나 악어 그림들을 더 닮았다고 할 것이다. 모든 것은 다른 어느 것과도 어떤 면에서는 닮을 수 있다.

그는 닮음 대신 필요한 것은 지칭의 관습이라고 주장한다. 동그라미 속 점 두 개와 곡선 하나로 이루어진 '스마일마크'는 사람의 웃는 얼굴과 닮았다고 하면 닮았지만, 그렇게 생긴 사람을 본 적이 있느냐고 따져 물으면 좀 난감해진다. 그래도 그것이 사람의 웃는 얼굴을 재현한 것이라고 하는 데 무리가 없는 이유는, 우리 문화에 그러한 식으로 확립된 관례가 작동하고 있기 때문이다. 따라서 엄밀한 의미로 '이 그림은 무엇의 재현인가?'의 답변은 우리 관례에서 이 그림과 이러한 지칭 관계에 놓인 것이 무엇인가를 찾아 답해야 한다.

반면 우리가 일상적으로 사용하는 의미로서의 재현의 내용, 즉 그림에서 기린이건 하마건 어떤 형체를 알아볼 수 있는지를 말하는 경우는, 굿맨에 의하면 '그것이 어떤 종류의 재현인가'를 구분해주는 기준을 말하는 것이라고 한다. 이는 '그것이 무엇을 재현하고 있는가'를 묻는 앞의 질문과는 별개다.

예를 들어 진흙 속에서 싸우는 개들을 그린 그림은 그 재현의 종류로서는 분명 '개 그림' 혹은 더 구체적인 분류를 원한다면 '진흙 속에서 싸우는 개들 그림'이라는 종류에 속하겠지만, 그것이 무엇을 재현하고 있는가에 대한 답변은 반드시 '싸우는 개들'이 아닐 수도 있다는 것이다. 대신 그 그림은 '정치권의 현실'이나 'SNS 야구 게시판'을 재현한 것일 수도 있다.

마찬가지로 분류상 '싸우는 정치인들 그림'에 속하는 그림도 재현의 입장에서는 얼마든지 더 보편적인 '인간의 폭력성'이나 더 구체적인 '어제 우리 이웃에서 있었던 일'을 재현하는 것일 수도 있다. 만일 이 예에서 우리가 정치에 대한 냉소적 태도의 확산을 막기 위해 어떤 그림을 검열해야 한다면 우리는 '싸우는 개 그림'에 제한을 두어야 한다. 그렇지 않고 '싸우는 정치인들 그림'에 제한을 둔다면 그 목적을 달성하지 못할 것이다.

재현에 관한 굿맨의 관습주의에 대한 비판도 적지 않고, 재현에서 닮음의 역할은 포기되기보다 더 세련되게 만들어져 관습주의를 극복해야 한다고 주장하는 이론들도 이미 있으므로 여기서 간략히 소개된 것이 재현에 대한 최종 이론이라고 생각할 이유는 없다. 그러나 분명한 것은 재현 된 이미지가 정말로 무엇을 재현하고 있는지를 밝혀내는 일이 그 내용에 의해 기계적으로 결정될 수는 없다는 점이 다. 우리가 포르노그래피에 대한 도덕적 비난의 근거로 삼 고, 따라서 그 귀결로 규제해야 할 것은 내용이 아니라 여 성 비하적인 태도와 관점이라고 한다면 매키넌의 조례는 바로 이러한 점에서 약점이 있다.

매키넌의 전제와는 다르게 경우에 따라서는 예속적 관 계의 묘사가 고발적 이미지, 교육적 이미지, 해방적 이미지 가 될 수 있다. 주디 시카고Judy Chicago가 1970년대에 제작한 여성주의 성격의 설치 예술작품 〈디너 파티The Dinner Party〉는 역사에 등장한 서른아홉 명의 중요한 여성을 초대하는 '식 탁 차림'으로 이루어진 예술작품이다. 각 자리에는 다른 여 러 장식들과 함께 접시가 하나씩 놓여 있는데, 거기에는 사 실적이라고 할 수는 없어도 분명히 알아볼 수 있는 다양한 디자인의 여성 생식 기관이 그려져 있다.

작가의 의도를 참조할 때 이것은 의도적으로 여성의 전 인격이 마치 그러한 신체의 일부와 동일한 것으로 묘사한 경우다. 정확히 매키넌의 조례 제6항에 해당한다. 하지만 평론가 중에는 이것을 긴 역사의 흐름 속에서 남근 숭배의 대척점에 있던 여성의 육체를 복권시키는 찬미적이고 해방적인 긍정의 이미지로 보기도 한다. 한편 일본의 성인 만화의 많은 수가 그 내용에 있어서는 매키넌의 검열 기준을 성공적으로 피해 가면서도 철저하게 여성 비하적 관점과 태도를 여전히 유지하고 있다는 지적도 생각해볼 필요가 있다.

비도덕적 농담은
우습지도 않다?

유머의 윤리

예술작품의 도덕성 평가에 대한 앞의 논의는 농담이나 유머의 도덕성을 평가하는 데도 적용된다. 비도덕적인 예술작품이 있는 것과 마찬가지로 우리는 비도덕적인 농담이 존재한다고 믿는다. 어떤 개인이나 집단이 그런 대접을 받을 만하지 않은데도 그들을 모욕하고 희화화하는 농담, 잘못된 고정관념에 근거한 농담 등이 그러한 경우다. 이들 역시 의도나 효과로 평가할 수도 있지만 내재적 이유로 비도덕적일 수도 있을 것 같다. 앞선 논의를 근거로 한다면 대표적으로 여성 비하적 시각이나 인종차별적 관점을 가진 농담, 그러한 관점을 당연하게 전제하거나 거기에 동의하기를 요청하는 농담이 그러한 것들이다.

중국인, 일본인, 한국인이 돼지우리에서 오래 버티기 내기를 했는데 일본인, 한국인, 돼지 순으로 못 참고 뛰어나왔다든가(무엇이든 일본에게는 질 수 없다는 한국인의 특성이 앞쪽 둘의 순서를 결정했다고 한다), 여성을 집단 강간하려는 흑인들을 막는 방법은 농구공 하나를 던져주면 된다든가, 헬렌 켈러 여사가 운전을 못한 이유가 여자라서 그랬다는 식의 농담은 다분히 인종적, 성적 편견을 깔고 있다. 물론 권력자를 희화화하고 가진 자를 조롱하는 농담도 그 관점이 정당화하기 어려운 편견이라면 그에 상응하는 도덕적 문제를 지적할 수는 있겠지만 일단 여기서는 이러한 정도의 농담을 비도덕적 관점을 가진 사례로 보고 논의를 시작해보자.

윤리와 미학이 만나는 곳에서 다음의 두 문제를 생각해볼 수 있을 것 같다. 하나는 앞서 거론했던 작품의 도덕적 가치 평가가 예술적 가치 평가에 영향을 주는지의 문제로, 농담의 도덕성에 대한 평가가 농담의 가치(우스움)를 달성하는 데 영향을 주는지로 바꾸어 살펴볼 수 있겠다. 비극의 경우 비장미가 그것의 미적 가치이듯이, 우스움 혹은 유머 반응은 농담의 '미적·예술적' 가치로 볼 수 있다.

사실 위에서 예로 들었던 농담들이 도덕적으로 문제가 있다는 평가에 동의한다 해도 그러한 농담의 '재미'에 대한 우리의 평가가 통일되어 있지는 않은 것 같다. 한편으로 우리는 비록 이러한 농담의 비도덕성을 인지하더라도 그것에 웃을 수 있는 것을 당연하게 생각한다. 비도덕적이라고 자동으로 재미까지 없어지는 것은 아니지 않은가? 무언가가 우습게 느껴지는 것은 우리의 어쩔 수 없는 반응일 것이다.

반면 농담을 시도했으나 실패한 경우 중 몇몇은 농담이 전제하는 비도덕적 시각 때문인 경우가 종종 있다. 즉 농담이 의도된 효과를 달성하기는커녕 비난을 불러일으킨 경우, 그 원인이 듣는 이들이 동의할 수 없는 비도덕적 시각 때문인 경우가 있다. 한 코미디언이 집창촌 강제 정비에 항의하는 집단 시위를 희화화하면서, 매춘부들이 단체로 버스에 나눠 타고 간 것은 "옛날 정신대 이후 처음"이라고 한 농담은 웃음보다는 공분을 불러일으켰다. 그렇다면 이는 도덕적 평가와 농담의 효과에 대한 평가가 연동되어 있음을 보여주는 것이 아닐까?

예술작품이 갖는 미적 가치와 도덕적 가치의 관계에 있

어서 윤리주의를 주장하는 베리스 거트[Berys Gaut]는 농담에 대해서도 비도덕성은 농담의 미적 효과를 무화시키거나 감소시키는 방식으로 관련되어 있다는 입장을 고수한다. 즉 비도덕적 농담은 우습지 않다는 것이다. 혹은 비도덕적인 농담이 결과적으로 우습더라도 그 농담이 가진 비도덕성은 언제나 농담의 효과를 해치는 방향으로 작용한다고 한다. 자율주의는 여기에 동의하지 않는다.

한편 비도덕주의는 맥락에 따라 농담의 비도덕성이 오히려 농담의 효과를 더 증진시킬 수도 있다고 한다. 예술의 도덕적 가치에 대한 윤리주의, 자율주의, 비도덕주의가 농담을 가지고도 똑같은 논쟁을 하고 있는 모습이다.

한편 이와는 별개일 것 같은 현상으로 '우습긴 한데 웃어도 되나?'와 같은 상황도 있다. 이것은 농담에 대한 도덕적 평가라기보다는 농담의 반응에 대한 도덕적 평가다. 이것이 유머의 윤리학이라는 이름으로 다뤄볼 두 번째 질문이다. 어떤 것에 대해 웃음으로 반응하거나 혹은 어떤 것을 유머로 감지하는 것이 도덕적으로 문제가 되는 상황이 있을까? 로널드 드 소사[Ronald de Sousa]는 비도덕적 유머에 대한 반응으로서의 웃음이 그 비도덕적 관점에 대한 동의를 함축하는 것으로 이해한다. 따라서 그에게는 비도덕적 농담에 유머 반응을 보이는 사람도 비도덕적이다.

과연 그럴까? 중국인과 돼지우리에 대한 농담은 오래전 것이다. "무슨 소리야, 요즘 중국 사람들이 얼마나 청결한데"라는 믿음을 가진 사람은 이 농담이 우습지 않을까? 그럴 것 같기도 하고 아닐 것 같기도 하다. 이때 무엇이 도덕적 평가의 대상이 되어야 하는지도 궁금하다. 웃는 행위인가, 아니면 농담이 가진 우스움이라는 속성을 (마치 미적 속성인 아름다움이나 귀여움을 지각하듯이) 발견하는 것, 그래서 그 농담의 우스움을 감지하는 식의 반응일까?

후자라면, 즉 이 중국인 농담을 듣고 우스움을 지각했다고 해서 중국인에 대한 편견을 가진 사람으로 비난받는다면 조금 억울할 것 같기도 하다. 하지만 우리 역시 강아지 사진을 보고 "오, 나 이거 본적 있어요, 한인 식당 메뉴판에서"라고 한 미국 토크쇼 사회자 제이 레노를 상대로 한국 문화를 비난한 자라고 분개하지 않았던가? 그가 이 농담이 재미있다고 생각했어도 한국인은 다 개를 먹는다는 고정관념에 동의한 것은 아닐 수도 있는데 말이다. 이번 장과 다음 장에서 이러한 문제들을 살펴보자.

첫 번째 문제에 관한 거트의 입장을 다루어보자. 그는 앞서
우리가 논의했던 것과 마찬가지로 농담이 요청하는 반응
이 비도덕적이라면 그 농담은 비도덕적 농담으로 볼 수 있
다는 견해를 취한다. 그의 윤리주의는 기본적으로 작품의
비도덕성과 미적 가치(거트는 명시적으로 미적 가치와 예술적
가치를 구분하지 않겠다는 소수의 학자 중 하나여서 그의 미적
가치라는 말은 미적 가치와 예술적 가치 모두를 포괄한다) 사이
에는 언제나 연계가 존재한다고 믿는 입장이고, 그럴 때 그
연계의 양상은 언제나 비도덕성이 미적 가치를 감소시키
는 방향으로 작동한다는 것이다. 즉 작품이 윤리적으로 비
난받을 만한 태도를 드러내고 있다면 작품은 그만큼 미적
으로 결함이 있는 것이고, 작품이 윤리적으로 칭찬받을 만
한 태도를 드러내고 있다면 그만큼 미적으로 장점이 있다
는 것이다.

　따라서 비도덕적 농담은 언제나 우스움을 감소시킨다.
물론 그는 자신이, 농담에 비도덕적 요소가 하나라도 발견
되기만 하면 "어허, 이런 걸로 웃으면 안 돼. 이건 우스운
게 아니야"라고 근엄하게 판정을 내리는 융통성 없는 도덕

군자로 비친다면 그건 오해라고 말한다. 유머에 관한 윤리주의라고 해서 비도덕적 농담은 결코 우습지 않다는 주장을 하는 것은 아니다. 비도덕적 농담이라도 예컨대 매우 기발하게 고안된 것이라면 그로 인해 비도덕적 요소에도 '불구하고' 우스울 가능성이 열려 있음을 인정하는 입장이 윤리주의다. 다만 그 비도덕적인 것만큼의 결함은 인정해야 한다는 것이다.

유머에 관한 거트의 입장은 예술작품 전반에 관한 윤리주의를 옹호하기 위한 그의 2007년 저술 『Art, Emotion and Ethics』에서도 유지된다. 이 책이 나오기 전에 도덕적 가치와 미적 가치의 연관을 바라보는 윤리주의적 입장에 대한 심각한 반례 중 하나로 농담이 거론되기 시작했다. 즉 도덕적 결함에도 불구하고 여전히 우습고 재미있는 농담이 있다는 것은 부정하기 어려운 현상이다. 따라서 윤리주의에 반대하는 학자들은 바로 그렇기 때문에 비도덕적 농담이 윤리주의를 약화시키는 반례라고 생각했다. 거트는 자신의 저서에서 이 반론에 대응하려 노력한다. 하지만 내가 보기에 이 변론은 성공적이지 못한 것 같다.

우스운 비도덕적 농담의 존재가 윤리주의 전반에 대한

반례가 되는 것을 막는 거트의 1차 저지선은 농담과 희극의 구분이다. 작품으로서의 희극은 단순하지 않은 플롯과 섬세한 묘사를 가진 예술작품이어서, 작품의 관점과 요구되는 반응의 결정을 위해서는 종합적인 해석이 필요한 데 비해, 농담은 미학자들의 관심사로 보기에는 지나치게 단순하다는 것이다. 따라서 비도덕적이지만 우스운 농담의 존재는, 만일 존재한다 하더라도 다만 윤리주의의 적용 범위를 제한할 뿐 윤리주의에 대한 결정적 반론은 될 수 없을 거라고 한다.

말하자면 최악의 경우, 농담은 윤리주의의 적용 범위가 아니라고 선언하겠다는 것이다. 예술 전반에 적용되는 윤리주의의 타당성을 보존하기 위해 농담에 대해서는 '꼬리 자르기'를 할 수도 있다는 뜻이다. 물론 이는 모든 것이 실패했을 때를 위한 보험 성격의 논변이지만, 농담과 유머가 윤리주의자의 의도대로 잘 다루어지지 않는 까다로운 문제임을 보여주는 대목이다.

어찌되었건 거트가 단지 '농담은 단순하기에 우리 논의에 부적격'이라는 지적만으로 여기서 자신이 원하는 것을 얻을 수 있을지는 의심스럽다. 농담이 윤리주의 논쟁에 등장한 이유가 바로 논란의 여지가 적은 단순하고 선명한 관점을 가졌기 때문이 아닌가 싶기도 하다.

예를 들어 윤리주의를 비판하는 측에서는 블라디미르 나보코프Vladimir Nabokov의 『롤리타』 같은 작품을 반례로 제시하곤 한다. 일반적으로 이 작품은 비도덕적이라 부를 만하다. 물론 이 작품에 사회적으로 용인되지 않는, 소녀에 대해 병적으로 성적 집착을 하는 중년 남자가 등장하기에 비도덕적인 것은 아니다. 비도덕적인 이유는 그러한 관심과 태도가 사랑의 이름으로 정당화되고 옹호될 만하다는 관점을 취하기 때문이라고 볼 수 있다. 하지만 그것 때문에 작품의 예술적 가치가 떨어졌을까? 아니라면 윤리주의는 이러한 반례에 어떻게 대응할 수 있을까? 가능한 한 가지 방법은 '『롤리타』는 비도덕성 때문에 예술적 가치가 감소된 부분이 있지만 다른 측면의 예술적 가치가 높아서 전체적으로는 예술적 가치가 있는 것으로 판정된 작품'이라고 주장하는 것이다. 하지만 작위적이라는 느낌을 지울 수는 없다.

셰익스피어의 『베니스의 상인』이 지독한 유태인 혐오의 관점을 드러낸다는 것은 잘 알려진 사실이다. 하지만 우리가 이 작품의 예술적 가치를 높게 평가한다면 이는 그 작품에 내재한 비도덕적 관점으로 인해 입은 가치의 손실을 극복한 경우인가, 아니면 아예 그러한 손실은 일어나지도 않은 경우인가? 판단하기 곤란함에도 이 경우는 '가치의 감소가 있었으나 다른 장점들에 의해 극복된 경우'가 틀림없다고 주장한다면, 이는 마치 자신이 이미 다 외워두었기 때문에 아무런 문제가 없다며 숫자가 모두 지워진 주사위로 게임을 할 것을 종용하는 뮤지컬 〈아가씨와 건달들〉의 도박꾼 같아 보인다.

비도덕적 관점을 가졌지만 예술적 가치가 있다고 주장해볼 만한 『롤리타』 같은 작품에 대한 거트의 흥미로운 반응은 이 작품이 실상은 도덕적 관점을 가진다고 재해석하는 것이다. 즉 『롤리타』의 면밀한 독해는 이 작품의 관점을 도덕적인 것으로 볼 수 있게(보아야 하도록) 하므로 이 작품은 윤리주의를 곤란하게 하거나 비도덕주의를 옹호하는 예로 쓰일 수 없다고 주장하는 전략이다.

거트의 『롤리타』 해석은 작가가 주도면밀하게, 그럼에도 불구하고 독자들이 눈치 챌 수 있게끔 숨겨놓은 단서들(명백한 과장과 비일관성 등)을 고려할 경우, 소아성애적 태도를 변론하고 옹호하는 것이 아니라 그러한 태도를 결국 비일관적 자기변호에 불과한 것으로 희화화하는 태도를 보여준다는 것이다. 즉 감상자로 하여금 그러한 비도덕적 관점을 취하게 했다가 그것이 결코 바람직한 관점이 아님을 보다 실감 나게 깨닫게 하는 고도의 도덕적 전략을 사용한 경우로서 오히려 도덕적인 작품이라는 것이다.

이러한 해석상의 논쟁은 예술작품에 관해서는 드물지 않게 발생하는 것으로 반례를 제기하는 측의 입장에서 보면 기껏 발굴해온 반례의 가능성에 '물타기'를 하는 것으로 비칠 수 있다. 그래서 바로 이러한 해석의 논쟁을 피하기 위해 아무래도 복잡하고 중층적이어서 다양한 관점을 뽑아낼 확률이 높은 예술작품을 대신해 선택된 소재가 바로 농담이다. 농담은 앞의 예에서도 그랬듯이 효과적인 농담으로의 성공을 위해서는 거의 필연적으로 선명하고 단순한 관점(중국인은 청결하지 않고 한국인은 개를 먹으며 흑인은 농구라면 환장하고 여자는 운전을 못한다 같은)을 가져야 할 것이다. 비도덕적 관점을 가진 농담은 새로운 해석을 통해 도덕적 관점을 가진 농담으로 재해석될 가능성이 적다.

따라서 이러한 농담을 이용해 비도덕적이어도 여전히 우스운 사례를 제시할 테니 과연 윤리주의가 이들을 어떻게 처리하는지 보자는 것이다. 윤리주의를 반대하는 입장에서는 우회로를 차단하고 '장군!'을 부른 셈이니 비도덕적 농담의 존재는 이들에게 쾌재를 부를 만한 아이템이다. 거트와 윤리주의는 이 공격도 피할 수 있을까?

거트의 비도덕주의 비판과 자가당착

거트는 '비도덕적이어서 더 우습다'를 주장하는 비도덕주의와 그것을 부정하는 자신의 윤리주의와의 경쟁에서 쟁점이 되는 것은 결국 블랙코미디 같은 소위 '어두운dark' 유머의 존재라고 생각한다. 따라서 그는 일견 반례가 될 것으로 보이는 이러한 현상들, 예를 들어 풍자의 웃음이 바로 그 신랄함에서 오는 것 같은 현상이 비도덕주의를 옹호하지 않는다는 것을 보이고 싶어 한다. 그는 여기서도 비도덕성의 옹호로 보일 법한 블랙 코미디가 사실은 그 관점에 있어서는 비도덕적이지 않을 수 있다는 것을 보여주려고 시도한다.

앞서 논의한 부조화 이론에 근거한다면, 그리고 도덕적 위반도 부조화의 하나로 본다면 농담에 관해서는 일견 비도덕주의가 보편적으로 타당하다는 생각이 들 수도 있다. 즉 농담은 규범을 위반하고 누군가를 조롱하는 등 비도덕적이어서 더 즐겁다. 하지만 거트는 이러한 위반들이 곧 그러한 관점의 옹호나 승인인가에 대해 묻는다. 작품의 등장 인물이 규범을 위반하더라도 그러한 세계에 동참하기를 권하는 것은 아닐 수 있다.

예를 들어 채플린 영화에서 사람을 팔 받침대로 사용하는 식의 인격적 모독이 그려지더라도 보는 이에게 당신들도 그렇게 하라고 요청하는 것은 아닐 것이다. 마찬가지로 규범이 깨졌다고 해서 비도덕적인 것은 아니다. 즉 그러한 규범 파기를 권유하거나 채택하지 않은 채 단지 그렇게 상상해보라고 초대하는 것일 수 있다. 따라서 거트의 주장대로 규범의 위반을 포함하는 유머를 통해서는 비도덕주의가 옹호된다고는 말할 수 없을 것이다.

그러나 내가 의아해하는 것은 바로 이러한 거트의 전략이 아이러니하게도 결국 자책골의 빌미를 주는 것은 아닌가 하는 점이다. 비도덕주의를 찌른 칼이 윤리주의를 찌르기에도 적당해 보이기 때문이다. 블랙 코미디나 풍자가 아닌 일반적인 농담도 바로 그러한 '권유 없는 상상으로의 초대'일 수 있지 않은가? 농담의 관점이 보여주는 지나친 선명함과 단순함 때문에 오히려 대부분의 농담에서 우리가 찾아낸 문자 그대로의 관점이 과연 진짜 그 농담의 관점인지 의심해볼 수 있다는 것이다. "여자에게 왜 운전면허가 필요 없는지 알아? 침실과 부엌 사이에는 도로가 없거든" 하는 식의 농담이 표명하는 태도는 분명히 여성에게는 모욕적이지만 이러한 농담이 그와 같은 태도를 승인하고 받아들이기를 권유하는 것인지는 분명치 않다.

이러한 농담의 이해를 위해 필요한 단순한 비도덕적 세계관(이를테면 여성이 있어야 할 곳을 '침실'과 '부엌'으로 한정하는 것이 당연하다는 세계관)은 오히려 농담을 통해 그것의 어리석음이나 불합리함을 보게 하는 방식으로도 얼마든지 작동할 수 있다. 소설의 경우에도 그것이 패러디나 아이러니일 경우 작품의 태도를 표면상의 관점으로 확정할 수 없다. 마찬가지로 누가 봐도 명료하게 비도덕적인 세계관을 전제하는 농담이 그러한 태도의 승인이고 권유라고 간주하는 것은 어쩌면 지나치게 단순한 견해일 수도 있다.

작품이건 농담이건 그것을 이해하기 위해서는 거기에 전제된 비도덕적 관점이 무엇인지 알고 있어야 하는 것은 당연하다. 앞의 예들을 생각해보라. 또 그러한 전제하에 이해되는 농담을 비도덕적 관점을 가진 농담이라고 하는 것까지도 받아들일 수 있다. 하지만 만일 어떤 농담이 감상자들에게 일부러 인종차별적인 관점을 취하도록 함으로써 그것의 어리석음이나 천박함을 실감하도록 하는 게 가능하다면 비도덕적 관점을 가진 농담이 곧 비도덕적인 농담이 아닐 수도 있다.

물론 이는 윤리주의의 핵심 주장(비도덕성이 예술적 가치를 감소시킨다)을 직접 공략하는 것은 아니다. 내가 지적하는 것은 비도덕적 세계관을 전제하는 많은 농담이 그러한 세계관을 표명할 뿐 그 태도를 받아들이기를 권유하는 것은 아니라고 한다면 비도덕적 농담을 확정하기는 어려울 수 있다는 점이다.

유머의 규범성과 대안적 설명

거트의 다른 논변 중 주목할 만한 것은 유머가 규범적이라는 주장이다. 우리들은 '웃을 만하지 않은 것'에도 웃을 수 있고, '웃을 만한 것'(진짜로 유머라는 속성을 가진 것)에도 안 웃을 수 있다는 것이다. 거트는 이에 근거해 윤리주의는 경험적·현상적 반례로 반박할 수 있는 이론이 아님을 확립하려 한다. 사회적 약자에게 폭력적이고 인신 모독적인 농담에 사람들이 웃는 경향이 있다 해도, 그것이 '웃을 만한 것'임을 뜻하지는 않는다는 것이다.

따라서 그의 암묵적인 결론은 그러한 규범성이 작동하는 영역 내에서라면(즉 현실에서 사람들이 웃는 경우 말고 진짜로 유머라는 속성을 가진 것들만 예로 고려한다면) 농담의 비도덕성은 언제나 결함 있는 유머를 낳는다. 그 농담을 웃을 만하지 않은 것으로 만들거나 또는 최소한 덜 웃을 만한 것으로 만들기 때문이다.

유머의 규범성에 대한 지적은 의미하는 바가 크다. 앞서 언급한 대로 우리가 미적 반응 혹은 미적 속성으로서의 유머를 말하고자 한다면, 숭고나 귀여움이 그렇듯이 단지 웃음을 유발하는 모든 게 우스운 것이 아니라, 무언가 웃을 만한 것, 우스움이라는 속성에 해당하거나 해당하지 않음을 가릴 수 있는 특징이 있어야 한다고 믿는 것이 자연스럽다. 그것이 무엇일지, 나아가 그러한 객관적 속성은 없고 그저 우습게 느껴지는 것만이 유머의 본질일지 등은 앞서도 언급했듯이 여기서 당장 해결할 수 있는 문제는 아니다.

그러나 어찌되었건 거트가 여기서 두 종류의 규범성을 혼동하고 있는 것만은 분명하다. 다니엘 제이콥슨^{Daniel}

Jacobson과 저스틴 담스^{Justin D'arms}가 지적한 대로 어떤 대상에 어떤 감정을 느끼는 것이 도덕적으로는 적절하지 못함에도, 그 대상에 그러한 감정을 보이는 것 자체는 적절할 수도 있다.

후자의 적절성 역시 '그럴 때는 감정적으로 그렇게 반응하는 게 맞아'라는 의미에서 규범적이지만, 그 '맞다'는 것이 '도덕적으로 맞다'는 것은 아니다. 대상이 유머라는 속성을 지녔음을 지각하는 측면에서 '맞게 반응'했다는 것이다. 이것과 대상의 도덕적 적절함을 지각하는 것에는 분명 서로 다른 종류의 규범성이 작동하는데, 이를 연동된 하나로 보고자 하는 거트의 논변은 증명해야 할 사실을 전제로 삼는 오류를 범하고 있다.

"파리 200마리를 한 번에 잡는 법을 알려줄까? 에티오피아 아이 얼굴에 프라이팬을 내리치라구" 같은 농담은 희화화해서는 안 될 법한 절대적 약자를 우스개로 삼았다는 점에서 매우 역겨운 농담일 수 있다. 심지어 아프리카 기아 구제에 헌신하는 사람들에게는 우습지 않은 농담 정도가 아니라 분노를 일으킬 수도 있을 것이다.

윤리주의는 이 '실패한' 농담이 자신들을 위한 예라고

생각할 수 있다. "봤지? 비도덕적이니까 웃을 수 없잖아." 하지만 거트가 제시한 윤리의 규범성은 윤리주의가 이 사례를 이용할 수 없게 만든다. 거트가 '사람들이 웃는 비도덕적 농담'에 대해 "그건 사실 정말 웃을 만한 것이 아니었어"라는 식으로 유머의 규범성을 동원한다면, 거트의 비판자들 역시 이 파리 농담에 대해 "사람들이 안 웃었지만 이건 사실 웃을 만한 것이었어"라고 똑같이 유머의 규범성에 호소할 수 있기 때문이다.

이는 단지 거트가 자신의 논리로 진퇴양난에 빠졌음을 지적하는 가정법적 전략만은 아니다. 실제로도 내가 보기에는 이러한 예들로 윤리주의를 옹호할 수 없다. 흔히 윤리주의를 지지하는 증거로 거론되는 '비도덕적이어서 웃을 수 없는 농담'이라는 주장에 대해 더 간단하고 적절한 설명이 있기 때문이다.

농담이 어떤 이에게 우습지 않게 느껴지는 이유는 여러 가지다. 그중 농담이 유머라는 속성을 가지고 있지 못해 실패하는 문제가 있는 반면(즉 '웃을 만한 것'을 평가하는 규범에 부적절해서), 유머라는 속성을 가지고 있지만 어떤 사람(예를 들어 기아 구제 사업 종사자)은 그것을 즐길 적절한 위치에 있지 않기에 그 사람에게는 실패하는 경우도 있다.

도덕적 부적절함의 지각으로 재미를 느낄 수 없는 사람이 아무리 많고 보편적이라고 해도, 거트가 생각하듯이 유머로서의 적절함을 판단하는 규범성이 별도로 있다면, 이 예들은 비도덕성에 영향을 받아 유머의 가치가 상쇄된 사례로 활용할 수 없다. 소위 '웃픈' 농담과 구별될 수 없기 때문이다. 한편으로는 우습고 한편으로는 슬프다는 의미의 '웃픈' 농담은 상쇄될 수 없는 우스운 속성을 가진 농담이다. 즉 우리가 유머 반응을 보인다면 규범적으로 적절한 반응이 되는 농담이다. 다만 자기 처지로 인해 웃을 수 없는 농담일 뿐이다. 일요일에 등산을 가자는 상사의 요청에 미국인 직원은 "가족이 있어요"라며 거절했는데, 한국인 직원은 "가족이 있어요"라며 "어디서 모여요?"라고 했다는 농담에 웃지 못했을 가장들을 생각해볼 수 있다.

그리고 유머의 규범성으로 말하자면 기아로 죽어가는 어린이의 얼굴에 몰려드는 파리 떼는 비극이며 상상하기 껄끄러운 이미지임이 분명하지만, 이 농담이 적어도 '구르는 낙엽'보다는 분명히 유머 반응을 유발하기에 적절한 속성을 가지고 있다는 것도 인정할 수밖에 없다.

농담의 윤리,
웃음의 윤리

다시 생각해보는 비도덕성의 판단

지금까지 우리는 작품이 재현하는 내용이 그 작품의 관점을 기계적으로 결정하지 않는다는 것을 보았다. 나아가 명백하게 드러나 있는 작품의 관점이라 하더라도, 그러한 관점 역시 작품의 비도덕성이나 그것과 연관된 작품의 예술적 가치를 기계적으로 결정하지는 못한다는 것도 보았다. 예술적 가치와 연동되는 작품의 도덕성을 결정하는 데 필요한 것은 개별 작품에 대한 합리적 해석이다.

　이제 마지막으로 주목하려는 것은, 그렇다면 그러한 식의 도덕성을 어떻게 판단할 수 있을까 하는 것이다. 거트가 『롤리타』를 도덕적 작품으로 만드는 방식에서 힌트를 얻을 수 있다.

거트의 전략은 일견 비도덕적으로 보이는 작품에 숨어 있는 도덕적인 관점을 찾아내는 것, 즉 작품이 외견상 승인 하는 것처럼 보이는 비도덕적 태도를 작품 스스로가 '고차 적인' 차원에서 사실은 부인하고 있다는 해석의 근거를 제 시하는 것이었다. 하지만 작가는 왜 그러한 관점을 주의 깊 게 읽어야만 발견할 수 있도록 숨겨놓았을까?

작가가 외견상 보이는 메시지를 부정할 수 있는 단서들 을 드러내지 않고 숨겨두는 식의 예술적 선택을 한 이유를 정당화할 수 있는 것은 바로 인지적 효과를 통해 얻게 되는 도덕적 효과 때문일 것이다. 그렇게 해야 도덕적 깨달음의 효과를 높일 수 있다는 생각에서다. 그렇다면 이 점은 비도 덕주의자가 '작품의 비도덕성을 통해 증가하는 예술적 가 치가 있을 수 있다'고 주장하는 것과 그 정신에 있어서는 다르지 않아 보인다.

우리는 단순히 어떤 도덕적인 관점을 승인하는 모든 작 품으로부터 도덕적 효과를 얻는 것은 아니다. 예술작품에 있어서 도덕적 효과란 그저 특정한 도덕적 명제를 받아들 이는 데 있는 것이 아니다. 이는 캐럴, 거트, 키어런 등 많은 이론가에 의해 인식된 사실이다. 이들은 작품의 도덕적 가치가 그저 작품이 어떤 도덕적 관점을 택하고 그것을 드러냄으로써 얻어지는 거라고는 생각하지 않는다. 이들은 도덕적 가치를 위해서는 어떤 식으로건 작품으로의 몰입, 우리의 감정과 도덕적 감수성에 대한 반성, 심화 등이 일어나야 한다고 본다.

그런데 만일 작품의 도덕적 가치가 '도덕적 지식을 단순히 받아들이는 것이 아니라 절실하게 느끼도록' 하거나 '도덕 원칙의 적용 결과를 상상 속에서 생생하게 그려볼 수 있게 하는 것'처럼 예술적 선택에 의존해 얻을 수 있는 '도덕적 효과'에 달린 것이라면, 작품이 반드시 도덕적 관점이나 비도덕적 관점을 취해야만 하는지가 의문이다. 아무런 도덕적 관점을 지지하지 않거나 작품이 승인하는 도덕적 관점이 애매한 경우에도 작품은 도덕적으로 복잡하거나 민감한 상황에 대해 실감나게 느끼고 사유할 수 있게 함으로써 분명한 도덕적 함축을 갖는 인지적 가치를 가질 수 있기 때문이다.

실제로 윤리주의자들이 도덕적이라고 간주하고 싶은 작품의 경우에도 과연 그 도덕성이 관점의 도덕성에 근거한 것인지가 불명확한 경우도 있다. 성서의 사건을 그린 많은 그림들 가운데 다윗 왕과 밧세바의 이야기를 그린 그림이 있다. 자기 휘하의 장수 우리야의 아내인 밧세바가 목욕하는 장면을 보게 된 다윗 왕은 그녀에게 매혹되어 우리야가 전쟁에 나간 사이 그녀를 궁으로 불러 정을 통하고, 결국 우리야를 전장에서 죽게 한 뒤 그녀와 결혼해 나중에 솔로몬 왕을 낳게 된다는 구약의 이야기에서 소재를 취한 그림이다.

훔쳐보기, 간통, 간계, 배신이 난무하는 감성 자극적 이야기라서 그랬는지, 아니면 성서를 핑계로 여성의 벗은 몸을 그릴 수 있어서 그랬는지, 많은 화가들이 〈다윗 왕의 편지를 든 밧세바〉 같은 그림을 그렸다. 빌럼 드로스트^{Willem Drost}라는 화가도 1654년경 이 주제의 그림을 그렸는데, 거트는 이 작품이 관점과 재현 방식에서 비도덕적임을 지적한다. 이 그림에서 젊은 미녀로 그려진 밧세바는 목욕을 거의 마치고 조각같이 이상화된 예쁜 몸을 드러내며 한 손에는 왕의 편지를 들고, 얼굴에는 잔잔한 흥분이라고 봐도 좋을 미소와 홍조를 띠고 있다. 남성의 성적 판타지에 영합하는 관점으로 재현된 밧세바라고 볼 수 있다.

렘브란트 역시 초기에는 이러한 당대의 '밧세바 클리셰'를 따르는 그림을 그렸다고 한다. 그러나 1654년 작품에 등장하는 밧세바는 수심에 잠겨 있고 젊지도 않으며 덜 이상화된 육체를 보인다. 인간적인 갈등에 빠진 보다 현실적인 여인으로 묘사되고 있는 것이다. 거트는 이 작품이 드로스트의 작품에 비해 도덕적이며, 그 이유로 예술적 가치도 높다고 생각한다.

하지만 그것이 도덕적인 이유가 렘브란트의 관점이 도덕적이어서 일까? 렘브란트 식의 묘사에 의해 어떤 도덕적 관점이 승인되고 있는 것일까? 왕의 명령의 부적절함에 대한 비난의 관점일까? 관능적으로만 그려진 다른 작품들의 관점과 비교해볼 때 이 작품은 그러한 관능적 관점을 승인하지 않는다는 것이 이 작품의 태도일까? 이들은 모두 가능한 후보들이기도 하지만, 다른 한편으로 생각하면 밧세바 이야기에 등장하는 밧세바를 보다 현실적인 인물로 묘사한 것 자체에는 특별히 도덕적 관점이랄 게 없을 수도 있다.

이 작품이 도덕적 가치를 지닌다면, 이는 관점 때문이라기보다는 렘브란트의 여러 예술적 선택 덕분에 우리가 왕

렘브란트의 〈다윗 왕의 편지를 든 밧세바〉

드로스트의 〈다윗 왕의 편지를 든 밧세바〉

의 비도덕성과 밧세바가 처한 상황의 곤혹스러움을 상상하며 몰입할 수 있기 때문일 것이다. 그러한 효과를 통해 거트의 말대로 주어진 상황과 그때의 마음 상태가 무엇과 같은지에 대한 지식을 실감나고 절실하게 얻을 수 있을 테니 말이다.

예술적 가치로서의 도덕적 가치는 여기에 놓여 있는 듯하다. 로버트 스테커Robert Stecker의 말처럼, "명백한 윤리적 진실을 승인하는 것보다 윤리적 삶을 탐구하도록 하는 데에 더 많은 도덕적 가치"가 있다.

이와 같이 생각한다면 지금까지 윤리주의나 비도덕주의를 포함해 우리 모두가 전제해왔던 것들을 재고할 필요가 생길 수 있다. 작품이 어떤 도덕적 관점을 승인하거나 거부하기에 갖게 되는 도덕성, 그리고 그것에 근거한 작품의 도덕적 가치는 비록 그것이 내적 기준에 따른 것이라 하더라도 예술적 가치 평가에 직결되지 않는다고 보아야 할 것 같다. 작품이 어떤 도덕적 태도를 옹호하는지는 작품의 제작 과정이나 의도나 사회적 효과와 마찬가지로 작품에 대해 물을 수 있는 도덕적 평가의 차원이기는 하지만, 작품의 예술적 가치와는 별도의 가치로 보인다는 것이다.

농담은 도덕적 평가의 무풍지대일까

지금까지의 논의는 농담의 비도덕성은 생각보다 판단하기 어렵다는 것이다. 비록 최종 결론에는 미치지 못했지만 농담의 비도덕성이 언제나 농담의 유머를 감소시킨다는 입장도, 또 농담의 비도덕성 때문에 유머의 효과가 더 증가하기도 한다는 입장도 아직은 자신들의 주장을 받아들이게 할 설득력 있는 논변을 제시하지 못했다.

반면 농담이 유머로서 적절하다는 것과 도덕적으로 적절하다는 것이 별개일 수 있다는 주장은 직관적 설득력을 갖는다. 도덕적 부적절함에 크게 신경이 쓰여 유머가 우습게 느껴지지 않는 사람이 있을 수 있지만, 이 경우는 그저 그 유머를 감상하기에 적절한 위치에 있지 못한 것으로 볼 수 있다는 것도 논의했다.

그렇다면 농담은 어떤 식이건 도덕적 평가와는 무관한 대상이라는 것인가? 또한 그에 대한 우리의 반응도 어떤 식이건 도덕적 평가의 대상이 될 수 없는가?

우선 관점이나 의도를 판단하기 어려워 도덕성을 명확하게 평가할 수 없다는 것은 농담의 유형(타입)에 대한 설명이다. '한국인의 개고기' 농담은 하나의 타입이다. 같은 농담을 제이 레노가 다른 곳에서 할 수도 있고, 돌아가신 자니 윤 씨가 했었을 수도 있고, 미주 지역 한인 신문에 실리기도 했고, 이미 이 책에 실리기도 했다. 이들은 같은 농담의 개별 사례들(토큰)이다. 그렇다면 유형으로서의 농담은 아니더라도 특정 상황에서 특정 의도를 가진 사람에 의해 사용된 하나의 개별적 농담 사례(농담 토큰)는 더 분명하게 도덕적 평가를 받을 수도 있다. 특히 만일 그것이 우습다는 유머 반응 이외의 것과도 관련되는 경우라면, 그 점에서의 도덕적 평가를 피할 수 없다.

전직 대통령의 이름을 희화화해 '2MB(지능이 2메가바이트)'라고 하던 적이 있었는데, 비록 위트의 요소가 없는 것은 아니지만 이러한 언급의 사례는 대개 조롱이나 비난을 위한 것이다. 특정인에 대한 모욕이 그에 대한 반감을 공유하는 사람들에게 웃음을 불러일으키는 경우, 동조하는 이들끼리의 웃음은 유머 반응이 아니라 다른 종류의 만족감의 표명일 수 있다.

특히 '2MB'의 경우, 언급된 대상인 이명박 전 대통령이 가진 지배적인 이미지가 '우매함' 혹은 '지능이 부족함'은 아니라고 한다면, 그의 부정적 이미지를 전달하는 데 이 말이 적절해 보이지는 않는다. 그저 단순한 말장난 이상의 유머는 없는 셈이다. 그러나 정치적인 입장에 따라 이 보잘것없는 '아재 개그'에 통쾌한 웃음으로 반응한다면, 이는 대상에 대한 나의 혐오를 공유한 데서 오는 만족감이지, 이 우스개에 대한 단순한 유머 반응은 아님을 보여준다고 추측할 수 있다.

따라서 개별적 농담 사례는 얼마든지 비도덕적으로 사용될 수 있고 이는 정황과 결과를 고려해 판정할 수 있다. 대개의 '과장님의 음담패설'이 성희롱 문제를 일으켰을 때 "그냥 웃자고 한 얘기야" 식의 변호만으로는 불충분한 것도 바로 이러한 이유에서다. 성적 농담 자체는 그냥 우스운 것일 수 있겠지만 그 상황에서 한 그 농담은, 특히 의도까지 동반된 그 농담은 도덕적 평가를 피하기 어려울 것이다.

또한 유사한 이유로, 어떤 사람이 특정 농담을 우습다고 생각하는 것을 도덕적으로 문제 삼을 수는 없지만 어떤 사람이 특정 농담을 특정 상황에서 우습다고 생각하는 것, 나아가 그것을 웃음을 통해 밖으로 드러내는 행위는 도덕적 평가를 받을 수도 있다. 마치 도덕성에 대한 고려가 우선되어야 할 것 같은 상황에서 미적 판단을 앞세운다면, 예를 들어 사고 현장에서 응급조치보다는 피해자의 상처에서 피가 흘러나오는 모습에 미적으로 감탄하고 있다면 도덕적으로 비난할 수 있는 것과 마찬가지다.

그러나 유머의 지각 자체가 도덕적인 문제가 되는 것은 아니라고 생각한다. 상중에 있는 사람은 슬픔에 마음을 빼앗겨 주어진 농담의 재미있음을 감지하지 못할 수 있다. 이것은 흔한 일이고 아무 도덕적 질문이 일어날 상황이 아니다. 그러나 그것의 재미있음을 감지했다고 해보자. 그것에 도덕적 문제가 있을까? 아닐 것이다. 이는 마치 녹색을 본 사람이 녹색이라고 느끼는 것과 같을 것이며, 〈대장금〉의 그 유명한 "홍시 맛이 나서 홍시라 한 것인데"라는 상황과 같을 것이다.

그런데 이제 이 상중에 있는 사람이 깔깔대는 웃음으로 이 농담에 반응했다고 해보자. 이 '웃음'은 비난받을 수 있을까? 웃음이 어느 정도까지는 통제가 가능하다는 가정을 세우면 그럴 수 있을지도 모른다. 피터 키비^{Peter Kivy}는 우리가 스스로 웃음을 시작할 수 있다는 점을 들어 웃음의 자발적 통제 가능성을 옹호하려 한다(그러나 "나라 경제를 이야기하는데 파리가 앉았습니다"를 기억하는 이는 키비가 틀렸다고 할지 모른다). "이러한 상황에서 웃다니"는 어쩌면 적절한 도덕적 비난일 수도 있다. 하지만 "이러한 상황에 어떻게 그것이 재미있다고 생각할 수 있니"라는 도덕적 비난도 가능할까? 이는 논쟁의 여지가 있다.

상황은 얼마든지 복잡해질 수 있다. 농담의 이해는 문화적인 요소가 개입하고, 특정한 종류의 속성을 감지하게끔(혹은 못하게끔) 자신을 '문화화'해온 것에 대한 최소한의 간접적 책임이 스스로에게 있다면, 특정한 유머에 반응하는 것(혹은 하지 않는 것)에 대한 도덕적 책임을 언급할 수 있을지도 모른다. 천박한 인종차별적 농담을 구사하면서 박장대소하는 사람을 그저 저급한 취향을 넘어 도덕적으로 문제가 있다고 볼 수도 있다는 것이다. '밧세바' 이야기를 '설레며 목욕하는 여인'으로 요약하는 경우도 비슷하다.

아론 스머츠Aaron Smuts는 우리가 유머 반응만으로는 아니지만 웃음을 통해서는 타인에게 해를 끼칠 수 있고, 내가 무엇에 대해 웃느냐 하는 것은 최소한 나 자신에게 간접적 책임이 있는 나의 유머 감각에 달린 문제이므로, 한 사람의 유머 감각은 분명한 도덕적 평가의 대상이 된다고 주장한다. 키비도 농담의 이해와 이에 수반되는 웃음은 그것이 가진 사회적 기능으로 인해 도덕적 평가의 대상이 될 수 있다는 주장을 편다. 사회적으로 소속감을 확인하거나 반대로 특정인을 그룹에서 배제할 경우에도 웃음만큼 잘 활용되는 것은 없는 듯하다. 이 논변들은 그럴듯하고 함축하는 바도 많다. 농담과 웃음이 도덕적 평가의 무풍지대는 결코 아닌 것이다.

비도덕적 농담이 우스우면 비도덕적인 사람일까

마지막으로 점검해보아야 할 것은 한 사람의 유머 감각이 어떤 농담에서 유머를 발견한다는 것의 의미에 대한 과장된 이해는 경계해야 한다는 것이다. 이 점을 거론하는 이유는 도덕적으로 비난받을 수 있는 농담에 웃는 사람은 도덕적으로 문제 있는 태도를 가지고 있는 사람이라는 논변이 있기 때문이다. 드 소사의 '태도 승인 논변' 같은 경우가 그것이다.

농담으로부터 웃음에 이르는 반응의 연쇄에는 우선 농담의 이해가 있고, 농담의 우스움을 알아채는 것, 즉 속성으로서의 유머를 지각하는 것(유머 반응)이 있다. 농담을 이해하는 것은 그 농담이 전제하는 명제를 알고 있다는 것인데, 이것이 곧 유머의 지각은 아니다. 그렇다면 언제 이 둘에 차이가 생길까? 즉 왜 농담을 이해했는데도 우습지 않은 현상이 일어날까? 드 소사의 생각으로는 듣는 이가 농담의 전제인 명제에 대해 부정적인 태도를 가지고 있다면 그 농담은 실패한다는 것이다. 단지 농담을 이해하는 것과 그것이 우습다고 느끼는 것의 차이가 그 명제에 대해 가지고 있는 태도라는 사실로부터 출발해 드 소사는 다음과 같이 주장한다.

성차별적 명제가 전제되는 농담을 단지 이해만 하는 것이 아니라 거기서 유머를 지각한다면, 당신은 성차별주의자다. 전제된 성차별적 명제에 대해 승인적 태도를 가지고 있지 않다면 그것을 재미있다고 느끼지 않을 것이기 때문이다. 이러한 전제들은 가정적으로는 승인할 수 없다. 즉 승인의 태도를 취하지 않았기에 재미없었던 농담이, 그러한 태도를 가정적으로 취한다고 해서 재미있어지지는 않을 거라는 것이다. 중국인의 청결에 대한 믿음을 가진 사람이 잠시 "그렇지 않다고 해보자" 하더라도, 어쩌면 처음에 무슨 소리인지 몰랐던 돼지우리 농담이 이해될 수는 있을지 몰라도 그것이 재미있어지지는 않는다는 것이다. 강간 유머에 웃기 위해서는 '강간도 그저 성관계의 일종일 뿐이다'라는 믿음을 승인해야 하며, 이는 가정적으로 할 수 있는 게 아니라는 것이다.

그러나 이 논변은 문제가 있다. 어떤 태도를 승인하지 않으면 그 농담의 재미를 느낄 수 없는 경우가 있다는 주장에서, 재미를 느낀 농담에는 전제된 명제에 대한 승인이 반드시 들어가 있다는 주장으로 옮겨간 것이다. 과연 전제된 태도에 대한 승인이 농담의 유머를 지각하는 데 필요하거나 충분한 조건이 될 수 있을까? 태도를 공유한다고 해서 농담의 성공이 보장되는 것은 아니므로 일단 이것은 농담 성공의 충분조건은 아니다. '여성은 운전을 못한다'는 생각을 공유한다고 해서 헬렌 켈러 농담이 재미있게 느껴지는 것은 아니다. 또한 문제가 되는 바로 그 명제가 아니라도 다른 명제에 대한 태도에서 농담의 재미를 발견할 수 있고, 혹은 아무 명제에 대한 승인 없이도 농담의 재미를 느낄 수 있다면 필요조건도 아니다.

예를 한 번 들어보자. 최근의 세태와 관련된 풍자로 "배우자 외에 애인이 없는 기혼자는 한심한 사람, 배우자 외에 애인이 한 명 있는 사람은 양심적인 사람, 배우자 외에 애인이 둘이나 있는 사람은 세심한 관리를 하는 사람"이라는 농담이 있다. 이 농담이 재미있다고 생각하는 모든 사람이 결혼생활 중의 외도에 대해 승인하는 태도를 가지고 있다고 생각하기는 어렵다. 더 나아가, 사실 그것이 이 농담의 재미를 느끼기 위해 승인해야 할 태도인지도 불분명하다. 즉 주어진 농담의 이해를 위해 정확히 어떤 명제가 필요한지조차도 알기 어려운 경우가 많다. 이 농담의 경우는 관계하는 상대의 수에 따라 '한심', '양심', '세심'이 본래의 의미와 말장난 사이를, 그것도 여러 차원에 걸쳐 오가고 있음을 이해하는 것으로부터도 농담의 재미를 느끼기에 충분할 것이다.

농담의 이해를 위해서는 전제가 되는 명제를 알 필요가 있다는 것은 분명해 보인다. 고정관념에 근거한 인종비하적 농담을 이해하기 위해서는 그러한 고정관념의 존재를 당연히 알고 있어야 할 것이다. 하지만 이것만으로는 농담을 이해하는 사람이 비도덕적이라는 것을 보여주지 않는다. 농담이 이해되기만 하면, 가정적 상황에서 그러한 상황을 상상만 해도 그 이해로부터 유머 반응이 따라 나올 수 있다.

이는 드 소사의 주장을 정면으로 반박하는 것이다. 드
소사는 농담의 이해가 아니라 재미를 느끼기 위해서는 아
는 것만으로는 안 되며 승인이 필요하다고 하지만 승인 없
이도 충분히 유머의 지각이 가능하다. 단순한 이해와 유머
반응을 구분하는 것은 가능하지만 그 차이가 승인의 유무
라고는 생각하지 않는다. 태도 승인 논증이 거부될 수 있다
면, 인종차별 농담에서 유머를 지각하는 우리의 유머 감각
을 비난하는 이유는 다른 데서 찾아야 할 것이다. 또한 최
소한 인종차별 농담이 재미있다고 생각하는 모든 사람이
인종차별주의자는 아닌 것 같다.

윤리주의의 문제점들을 고려할 때, 그
렇다면 농담에 관해서는 비도덕주의가
더 타당하다고 볼 수 있을까?

꼭 그렇지는 않다. 비도덕주의는 작품이 사악하
고 잔인한 태도를 ('보임에도 불구하고'가 아니라) '보
이기 때문에' 미적으로 더 성공한 경우도 있다고
주장한다. 이를 지지하는 제이콥슨은 "농담이 그
러한 대접이 정당하지 않은 누군가를 멸시하고,
그러한 멸시를 재밋거리로 이야기한다고 해서 그
농담이 재미없다고 할 이유는 되지 못한다. 정반

대로 그게 바로 그 농담에서 재미있는 것"이라고
한다.

하지만 비도덕주의자들 역시 어떤 농담이 비
도덕적임을 확정하는 데 있어 윤리주의와 똑같은
곤란을 겪는다. 단지 상규에서 벗어난 것, 도가
지나친 것을 모두 비도덕적이라고 할 수는 없다.
터부를 건드리거나 노골적이어서 우리를 당황하
게 하고 화나게 하는 농담이라도 그것이 곧 비도
덕적인 농담을 뜻하지는 않는다. '저급한 농담이
더 재미있다'는 말이 사실이지도 않지만, 사실이
라 하더라도 농담의 저급성과 상스러움 역시 그
자체를 도덕적 문제로 볼 수는 없다. 그렇다면 비
도덕주의자들도 자신들의 입장을 지지해줄 비도
덕적 농담의 사례를 찾는 데 어려움을 겪을 수밖
에 없다.

또한 비도덕적 농담을 찾는 것보다 훨씬 더 어
려우리라 예상되는 일은, 비도덕적 농담의 우스
움이 바로 그 비도덕성으로부터 왔다는 것을 보
이는 일이다. 즉 비도덕주의가 옳다면, 농담을 듣

는 이가 최소한 무의식적으로라도 농담에 도덕적 문제가 있음을 인지하고 바로 그것 때문에 농담이 재미있다고 생각해야 한다. 과연 그럴 수 있을까? 영화나 소설을 동원하더라도 작품의 증가된 예술적 가치가 비도덕성에서 온 것임을 논증하기는 쉽지 않아 보인다.

도덕적 관점이 명확하지 않은 작품도 도덕적 가치를 가질 수 있음을 보여주는 예가 있다면?

많은 예가 있겠지만 몇 편의 영화에서 찾아보기로 하자. 우디 앨런 감독의 〈매치 포인트〉에는 도덕적으로 타락한 등장인물이 악덕을 행사하고도 인과응보를 피해 잘 살아간다. 삶의 불공정함에 대한 영화의 도덕적 관점이 무엇인지는 선명하지 않다. 크리스 웨이츠와 폴 웨이츠 형제의 〈어바웃 어 보이〉(원작은 닉 혼비의 소설)나 김태용 감독의

〈가족의 탄생〉 같은 작품들이 승인하는 관점은 '혈연으로 이루어진 가족 관계에 대한 회의'일 수도 있다. 하지만 이러한 통찰이 도덕적인지는 현재로서는 논쟁적일 수 있다. 정반대의 관점, 즉 피는 물보다 진하고 인간이 최종적으로 의지할 곳은 가족이기에 가족 구성원 간의 무조건적 포용이 미덕임을 승인하는 관점 역시 충분히 도덕적이기 때문이다. 클린트 이스트우드 감독의 〈밀리언 달러 베이비〉는 그 정황을 어떻게 이해하건 결국 '자비사'를 용인하는 관점을 표명하는데, 이 역시 도덕적으로 논쟁의 소지가 있다.

그러나 관점이 불분명하고 논쟁적이더라도 이들이 인간의 욕망, 가족, 인간 존엄 같은 윤리적으로 묵직한 주제들에 대해 숙고하는 계기를 제공한다는 측면에서의 도덕적 가치는 충분하다.

폴 토머스 앤더슨 감독의 〈부기 나이트〉는 1970년대를 배경으로 미국 포르노그래피 산업에 종사하는 사람들의 이야기를 담고 있다. 굳이 작품의 관점에 대해 말해야 한다면 해석에 따라 하나 이상의 상반되는 관점이 있을 수 있다. 영화가 포르노그래피 제작자들의 '인간적'인 모습을 따뜻한 시선으로 보여준다고도 할 수 있지만 은연중에 그들의 삶을 희화화하고 있다고도 볼 수 있다. 하지만 이 작품도 충분한 도덕적 함축과 그에 따른 예술적 가치를 지닌 작품임을 고려할 때, 작품이 하나 이상의 도덕적으로 상반되는 해석을 갖는 경우에도 그중 어느 관점이 '진짜' 관점인지가 결정되어야만 도덕적 가치를 갖는 것은 아님을 알 수 있다.

4부 ____

공포 영화, 무서운 걸 왜 즐기지?

─ 허구와 감정을 다루는 미학

우리는 왜 굳이 불쾌하고 감내하기 어려운 감정을 일으키는 공포물을 찾아서까지 보는 것일까. 공포물과 스릴러를 즐기는 사람들이 이해 불가한 별종 인류가 아니라면 이 현상이 어떤 동기에서 나오고, 어떻게 가능한지에 대한 합리적 설명이 필요하다.

있지도 않은 좀비가 왜 무서워?

공포물, 공포감 그리고 두 개의 역설

이 지점까지 오도록 아직 책을 덮지 않은 독자라면 아마도 분석미학이 예술의 문제를 다루는 방식이 그리 거슬리지 않는 분들일지도 모르겠다. 마지막 4부에서도 그러한 현대 분석미학의 특징을 잘 보여주는 두 가지 퍼즐과 함께 허구, 감정 같은 미학의 핵심 주제를 소개해보려 한다.

공포물 혹은 호러 장르는 코미디 못지않게 B급 장르의 한 축을 담당한다. 프랑켄슈타인부터 드라큘라, 구미호, 사다코, 식인 상어와 에일리언에 이르기까지, 온갖 종류의 귀신과 악령, 흡혈귀, 좀비, 괴물, 외계인, 살인 동물, 기생 생명체, 사이코패스, 살인마 등이 끊임없이 변주되어 등장하는 공포물은, 한때는 여름마다 '납량'이라는 구실로 저예산 영화 한두 편쯤 개봉되는 것이 관행이었을 만큼 늘 어느 정도의 관객층을 확보하고 있는 장르다.

또한 공포를 유발하는 기괴한 대상이 등장하지 않더라도 심리적 공포를 다루는 스릴러 장르도 인기가 있고, 추격이나 발각처럼 손에 땀을 쥐게 하는 스릴과 서스펜스는 장르를 막론하고 거의 모든 대중적 스토리에서 빼놓을 수 없는 요소로 자리 잡았다. 이렇게 보면 우리는 작품을 감상하는 동안 그것이 주는 공포와 긴장감을 즐기는 듯도 하다.

그런데 실생활의 감정으로서 공포나 긴장감은 어떤가? 뒤에서 감정이 무엇인지에 대해 조금 더 생각해보겠지만 직관적으로 이해했을 때, 자신의 인생에 공포가 충만하기를 바라는 사람은 없을 것이다. 하루하루가 어디서 어떻게 닥쳐올지 모르는 생명의 위협과 그에 대한 대비로 긴장감의 연속인 상태를 선호하는 사람이 어디 있겠는가?

내게 위협을 주는 대상, 공포감을 일으키는 대상을 마주하고 싶지 않은 것은 물론이고, 순전히 마음속 느낌에 불과한 공포감조차도 그것이 쾌보다는 고통에 더 가까워서 별로 경험하고 싶지 않은 게 당연해 보인다. 이를 일단 '부정적 감정'이라고 이름 붙여보자. 물론 공포, 분노, 슬픔, 혐오 같은 것들은 하나하나가 달리 취급되어야 하지 '부정적 감정' 혹은 '감정'이라는 하나의 종류로 묶는 것조차 회의적이라는 입장도 어느 정도 타당하다. 다만 여기서는 우리 삶에서 회피하고 싶은 감정이라는 의미에서 그렇게 불러보기로 하자.

그런데 최소한 우리 중 일부가 공포물을 즐긴다면 (나는 기꺼이 열외가 되련다) 이는 이러한 부정적 감정이 적극적으로 추구되기도 한다는 의미다. 물론 차이는 이 부정적 감정을 현실에서 경험하느냐 예술을 통해 경험하느냐이다. 그렇다면 예술을 통해 겪는 긴장은 강도가 약해서 그럴까? 혹시 쾌와 함께 오는 것일까? 공포물과 스릴러를 즐기는 사람들이 이해 불가한 별종 인류가 아니라면, 이 현상이 어떤 동기에서 나오며 어떻게 가능한지에 대한 합리적 설명이 필요해 보인다. 이것이 공포물의 역설paradox of horror이라고 부르는 문제다.

이 문제에 대한 답을 제시한 원조로는 근대 철학자 데이비드 흄David Hume을 들 수 있지만, 흄도 장 바티스트 뒤보스Jean-Baptiste Dubos를 비롯해 자신보다 앞선 학자들의 논의를 언

고야Francisco Goya의 '검은 그림' 연작 중 〈아들을 먹어치우는 사티로스〉

급하는 것으로 보아 이것이 설명을 필요로 하는 문제라는 인식은 상당히 오래된 것 같다. 당시의 이름은 공포물 대신 '비극의 역설'이었다. 당연히 '슬픔'도 부정적 감정의 하나다. 흄은 『비극에 관하여』에서 비극의 역설을 다음과 같이 제시한다.

> 관객들이 훌륭한 비극을 보며 그 자체로는 불쾌하고 감내하기 어려운 감정들인 슬픔과 공포, 불안 등에서 즐거움을 얻는 것은 설명하기 어려운 일 같다. 관객들이 그 비극에서 더 많은 감동을 받고 슬픔에 심취할수록 그들은 더욱 그 광경을 즐기게 된다. 그리고 그 불편한 정념은 금세 작동을 멈추고, 마침내 평온함이 찾아온다.

사실 아리스토텔레스 역시 자신의 『시학』에서 이러한 역설을 인식하고 있었다고 보는 것이 정설이다. 그가 비극의 목적을 "연민과 공포를 환기해 그러한 감정으로부터의 카타르시스를 달성하는 것"이라고 제시한 것은, 부정적인 감정을 불러일으키는 것이 비극에서라면 왜 추구할 만한 가치가 있는지에 대한 하나의 답이라고 할 수 있다. 하지만

'카타르시스'가 대체 무엇이고, 작품이 불러일으킨 연민과 공포로부터 어떻게 그것을 얻어낼 수 있는지에 대한 구체적인 설명은 후대 학자들의 몫으로 남겨두었다.

이렇게 오래전부터 인식해온 문제, 즉 실생활에서 겪고 싶지 않은 감정이라도 슬픈 소설이나 공포 영화를 통해 겪는 것을 마다하지 않는 현상의 배후에는, 사실 그보다 뒤늦게 주목받았으나 분석미학에서 많은 잉크를 소비하도록 했던 또 하나의 의문이 놓여 있다. '허구에 대한 감정 반응'이라는 의문이다.

우리는 머리를 풀고 TV에서 기어 나오는 사다코에 소름이 쭈뼛 돋는 공포감을 느끼지만 사실 그러한 존재가 현실에 없다는 것을 잘 알고 있다. 그렇다면 내가 영화 〈링〉을 보는 동안 느꼈던 공포는 존재하지도 않는 것에 대한 두려움이었을까? 좀비가 두려워 잠을 이룰 수 없다는 친구에게 좀비는 존재하지 않는다고 지적했을 때 돌아온 그의 대답이 "알아, 그 정도는 나도 알고 있다고!"라면, 그리고 그가 진심으로 좀비 같은 것은 없다고 믿고 있다면 그는 여간 비합리적인 사람이 아닐 것이다.

하지만 지어낸 이야기에 불과한 허구가 우리에게 연민

과 공포를 비롯해 온갖 종류의 감정을 불러일으킨다는 것은 너무도 자연스럽고 당연한 사실 같아 보인다. 따라서 어떻게 이렇게 일견 비합리적으로 보이는 현상이 자연스러운 우리의 일상 중 하나가 되었는지에 대한 설명이 필요하다. 이는 '부정적 감정을 일으키는 비극이나 공포물에 우리가 왜 끌리는가'라는 역설보다 먼저 해결해야 할 문제다. 대체 왜 존재하지도 않는 것에 대해 부정적이건 긍정적이건 감정 자체를 갖게 될까?

이를 '허구에 대한 감정 반응'의 문제라고 할 때, 이는 미학의 역사와 현대 미학 모두에서 상당한 의의가 있는 두 가지 핵심 주제, 즉 '허구'라는 주제와 '감정'이라는 주제가 만나는 장소가 된다.

허구에 대한 감정 반응의 문제 말고도 허구, 즉 픽션과 관계된 미학적 논의는 다양하다. 허구 내에서 이루어지는 진술의 인식론적 문제는 우리가 예술을 통해 지식을 얻을 수 있는가의 문제와 연계되고, 허구적 등장인물의 존재론적 지위는 언어철학과 형이상학의 중요한 주제가 된다.

비록 현대 예술 이론가들과 평론가들은 주로 의미 해석의 문제를 가지고 작품에 관여하려는 경향을 보이지만, 작품이 어떻게 수용되는지에 대한 총체적 이해를 위해서는 예술과 감정의 관계를 피해갈 수 없다. 특히 대중예술, 그리고 서사 구조가 있는 예술의 경우 감상자가 적절한 감정적 반응을 갖는 것은 작품을 이해하기 위한 하나의 조건이다. 예컨대 우리가 작품에서 비열한 악인으로 그려진 인물에 대해 증오의 감정을 갖지 않는다면, 그 인물에게 적용된 인과응보의 귀결을 구체적으로 묘사하는 부분을 충분히 이해하지 못할 수도 있다.

작품이 불러일으키는 연민, 공포, 슬픔, 분노 같은 일상적인 감정들은 작품의 플롯에 집중하게 하고 다음 전개를 예상하게 하는 등의 기능으로 관객과 허구적 내러티브를 연결해주는 매개체 역할을 한다. 하지만 이 모든 것이 가능하려면 일차적으로 허구적 인물이나 허구적 상황에 대해 그것이 픽션임에도 불구하고 우리가 감정을 갖는다는 일견 비합리적이어 보이는 사실을 설명해야 한다.

이성의 바깥, 감정

감정은 대대로 끊이지 않고 언급되어온 미학의 관심사다. 예술이 감정을 불러일으킨다는 것 역시 고대로부터 인식되어왔다. 다만 그것이 우려할 일인지 바람직한 일인지에 대한 판단은, 인간에게 감정이 무엇인지에 대한 생각이 변천함에 따라 역사적으로 변해왔다.

감정은 합리성의 바깥에 있는 것으로 이해할 수 있다. 하지만 이성이나 합리성으로 포섭할 수 없는 인간 정신 활동의 스펙트럼은 매우 넓고 다양해서 학자마다 '이성의 바깥'을 재단하는 방식은 제각각이었다. 따라서 감정도 필요에 따라 제각각 이해되곤 했다. 그러나 자신의 철학 체계상 필요로 하는 어떤 인간 활동을 상정하고 그것이 곧 감정의 활동이자 역할이라고 규정하는 식의 하향식 이론들은 감정 자체에 대한 철학적 사유라고 보기 어려운 점도 있다.

물론 역대의 철학자들은 감정을 우리 마음속에서 벌어지는 일이긴 하지만 막무가내의 동물성이나 본능에 가까운 것, 그저 어쩔 수 없이 그렇게 주어진 사실, 그러한 의미에서 합리적 설명이 불가능한 철학의 한계로 간주하는 경우가 더 많았다. 더는 철학적으로 분석될 필요도 없고 분석이 가능하지도 않다고 보았던 것이다.

그래서 연구 대상도 감정 그 자체보다는 감정을 포괄하는 것으로서의 인간의 감성 능력인 경우가 많았다. 감성이라 불리는 넓은 영역(포괄적으로 이성이 아닌 영역)의 일부를 구상력, 상상력, 감성적 인식 능력 등의 이름으로 다루며 거기에 미적 판단이나 예술의 근거를 마련해온 역사가 미학사의 큰 흐름을 형성한다. 미학자들이 철학이나 논리학이 관여하지 않는 정신의 영역, 마음의 능력을 설정해온 것이다.

이 감성의 영역은 어떤 때는 이성에는 못 미치나 여전히 세상을 파악하는 인간적인 능력으로, 어떤 때는 이성보다 못할 것 없고 이성이 다룰 수 없는 세상에 관여하는 능력으로 설정되었다. 그리고 후대로 올수록 바로 이성이 파악할 수 없는 그러한 세계의 모습이 '진짜'이고 중요하다는 생각이 더해지면서 이성보다 탁월한 '진짜를 보는' 능력으로 각색되기도 했다.

최소한 현재 우리는 예술이 감성 능력의 산물이라는 것을 자연스럽게 받아들인다. 따라서 예술을 하찮은 오락거리, 있으면 좋지만 없어도 괜찮은 장식거리, 더 혹독하게는 있으면 방해만 되는 혹세무민의 비과학적 헛소리로 보느냐, 아니면 인간을 다시 생각하게 하고 새로운 세계관을 수립할 대안이나 돌파구로 보느냐는 바로 감성에 대한 이와 같은 이해에 달린 문제다.

그러나 예술이 감성 능력과 관련된다는 우리 시대의 상식 역시 오해일 수도 있다. 그 이유는 감성이라는 것이 위장이나 어금니처럼 혹은 소화 능력이나 침 분비 능력처럼 물리적이거나 기능적으로 우리 속을 들여다보았을 때 먼저 분명하게 구분하고 확인할 수 있는 무언가를 발견해 거기에 붙인 이름이 아니기 때문이다.

다시 말해 상상하고, 감동하고, 느끼고, 욕망하고, 영적으로 계시를 받고, 동물적으로 직관하는 이 모든 활동이 계산하고 추론하는 합리적 능력과는 다르다는 이유로 뭉뚱그려 '감성'으로 치부되는 상황이라면, 이성(합리)과 감성(비합리)의 구분은 언제든 새로운 과학적 발견이나 새로운 철학적 사유에 의해 다시 경계가 생길 수도 있을 것이기 때문이다. 그렇게 되면 감성도, 감정도, 예술도, 도구적이고 기능적인 합리성은 아니더라도, 더 고차적으로 합리적인 현상이자 활동으로 이해될 가능성도 있을 것이다.

이렇듯 감정과 감성 능력에 대한 논의는 인간 이해의 하나의 방편인 미학의 뿌리에까지 이어진 배경을 가지고 있다. 다만 여기서 우리가 다루고자 하는 것은 감성 능력 전반이 아니라, 그것을 구성하는 일부로서의 감정, 즉 흔히 우리가 무언가를 '느낀다'고 할 때 우리 마음속에서 벌어지는 현상, 그리고 그것과 예술의 관계에 한정된 이야기다.

예술은 감상자에게 어떤 감정을 환기할 수도 있다. 이는 흔히 관찰되는 현상이고 예술은 언제나 이렇게 감정에 관여해왔다. 그러나 감정을 환기시키는 예술에 대한 불신의 전통도 뿌리 깊은 것이어서 플라톤까지 거슬러 올라간다. 미학의 역사를 다루는 수업은 아이러니하게도 이 대철학자가 그림이건 연극이건 오늘날 우리가 예술로 부르며 상찬하는 것들을 대체 무엇으로 보았기에 그리도 우려했을까를 따져보는 것으로 시작한다. 그리고 놀랍게도 그의 구분과 통찰을 현대의 우리도 되풀이하고 있다는 것을 발견한다.

가장 기본적인 전제에서, 플라톤에게 감정은 이성과 대립하는 비합리적인 것이다. 플라톤은 시(연극)의 매력은 이성보다는 감정에 호소하는 것이라고 보았는데, 교육받지 않은 대중의 흥미를 끌기 위해서는 그것이 당연하다고 보았다. 하지만 플라톤은 감정의 고취를 목표로 하고 또한 그것을 효과적으로 달성하는 시는 반사회적이라고 생각했다.

이상적인 사회에서는 이성에 대한 위협이 용납되어선

안 된다. 이성이 감정을 지배해 우리가 비합리적인 방향으로 나가지 못하도록 해야 한다. 플라톤은 시가 감정의 환기를 통해 부적절한 경향성을 갖게 한다고 생각했다. 예를 들어 군대를 구성해야 할 시민들이 적을 동정하거나 죽음을 두려워하도록 만든다고 생각했다. 관객들이 등장인물과 자신을 동일시함으로써 그들이 느끼는 감정을 습득하기 때문이라는 것이다.

예술로부터 환기되는 일상적 감정이 중요하다면 우리는 먼저 이러한 뿌리 깊은 불신을 극복할 필요가 있다. 오늘날의 학자들은, 감정이 우리를 상황에 부적절하게 반응하도록 만든다는 것은 일반화시키기 어려운 주장이라고 지적하기도 한다. 오히려 감정은 우리가 세상에 잘 적응하도록 도와주는 것이라는 견해가 더 설득력 있다.

그러나 더 근본적인 문제 제기는 비합리적 감정과 합리적 이성이라는 이분법과 관련이 있다. 플라톤이 생각한 인간의 정신에서 이성과 감정은 각기 다른 부분을 점유한다. 그러나 감정에 대한 '인지주의'를 택하는 현대의 논의는 이를 부정한다. 인지주의는 현대 심리학과 분석철학의 한 경향으로 믿음, 판단 등 지적인 요소가 감정의 핵심이라고 주장하는 것이다. 즉 이성이 감정의 구성 요소일 수 있다는 것이다. 이러한 입장이 어떻게 옹호될 수 있을까?

다음 장에서는 감정을 어떻게 이해해야 할지를 간략히 스케치하고 인지주의를 소개하려 한다. 셋째 장에서는 허구에 대한 감정 반응의 문제, 특히 그에 대한 초창기 논의를 대변하는 소위 '래드퍼드 퍼즐'과 그 이후의 몇몇 답변들을 생각해보겠다. 넷째 장에서는 애초의 문제였던 공포물의 역설로 돌아가, 이것을 합리적으로 설명하려는 여러 시도들을 검토해보기로 하자.

감정 이론, '느낌'에도 해석이 필요하다

감정과 느낌

내 속은 내가 들여다봄으로써 알 수 있지만 남의 속은 그럴 수 없으니, 오로지 우리 마음속에서 벌어지는 일들을 가리키며 이야기할 때 과연 우리가 같은 대상을 놓고 말하고 있는지 의심스러운 경우가 있다.

실연으로 낙담한 친구에게 "그래, 네 고통을 나도 알아"라고 말하지만, 내가 느껴보았던 실연의 고통, 그 느낌의 '결'과 '질'이 지금 친구가 겪는 그것과 같은 것인지는 원론적으로 확인할 수가 없다. 다만 나나 친구나 비슷한 종류의 사람일 거라는 믿음을 전제로 고통이나 슬픔과 같은 마음속의 현상을 지칭하는 말이 적용되는 범위를 어느 정도까지 확정할 수는 있다.

우리말과 영어를 막론하고 감정 계열의 어휘 중에는 특히 혼동을 주는 것들이 많아 일상 어휘의 용법만으로는 같은 것을 지칭하는지 아닌지를 확인하기 어렵다. 그래서 논의를 효율적으로 하려면 먼저 어느 정도의 '약정'을 동반한 정리가 필요하다. 대상이 되는 용어들은 감정, 정서, 기분, 느낌 그리고 영어 단어인 emotion, feeling, sentiment, sensation, mood 등이다.

우선 '감정'과 '정서'는 굳이 구분할 필요가 없을 듯하다. 영어의 'emotion'과 'sentiment'도 마찬가지다. 일반인들이라면 이러한 단어들의 의미 차이에 민감한 경우는 거의 없고, '정서'를 써야 할 곳에 '감정'을 쓰면 안 되는 경우도 찾기 어렵다. 이들은 모두 공포, 연민, 분노 같은 우리 마음속의 현상들을 지칭하는 말이다.

이 감정들은 별도의 이름이 붙어 있는 만큼 다른 감정과 그 대상에 있어서나 느낌에 있어서 확실히 구분되는 '기성품' 감정, 혹은 감정으로서 갖출 건 다 갖춘 '완성형' 감정이라고 할 수 있다. 물론 같은 분노라도 불같은 분노와 자근자근 쌓여가는 분노가 다를 수 있다. 즉 똑같이 분노라고 불리는 감정이지만 그 '느낌'이 다르다는 것이다.

이 주장이 그럴듯하다면 같은 유형의 감정 안에서도 느껴지는 바가 조금씩 다를 수 있다는 것인데, 바로 그 부분을 특정해서 부르기 위해 '감정'이라는 말과 별개인 '느낌'이라는 말을 쓸 수 있다. 즉 감정을 구성하는 하나의 요소로 '느낌'이 있다는 식이다. 물론 'feeling'은 감정을 뜻하는 것으로 보아도 아무런 문제가 없고, 일반적인 문맥에서는 'emotion'과 'feeling'을 다른 의미라고 하는 게 오히려 이상하게 들리겠지만, 우리는 바로 위와 같은 경우의 혼동을 피하기 위해 '감정emotion'과 그것의 구성 요소로서의 '느낌feeling'을 차별해 생각해보기로 하자.

한편 'sensation'도 역시 '느낌'이라는 말이지만 'feeling'보다는 조금 더 느껴지는 바에 중점을 두는 어휘 같다. '가려운 느낌' 혹은 박하사탕이나 물파스의 '화 하게 퍼지는 느낌'처럼 무언가가 느껴지는 상태를 가리킬 때 쓰인다. 따라서 이는 감정과는 더 명확히 구분된다. 영어의 'feeling'과 'mood', 우리말의 '감정'과 '기분'은 문맥에 따라 혼용되기도 한다. 하지만 영어건 우리말이건 '무드'는 느껴지는 바는 있지만 그것이 어떤 대상에 관한 것인지가 막연할 때

쓰이는 것이 아닌가 싶다. 예를 들어 이유 없이 슬픈 느낌이 드는 경우를 일반적으로 '슬픈 무드'라고 하는 것 같다.

2015년 픽사 애니메이션 〈인사이드 아웃〉에 등장하는 기쁨joy, 슬픔sadness, 분노anger, 공포fear, 혐오disgust는 인간이 가진 전형적인 감정이며 이는 문화적 차이를 넘어 보편적이다. 그러나 이들만이 감정인지, 감정이라고 부를 수 있는 것이 이들을 넘어 어느 정도까지를 포괄하는지는 논쟁거리다. 시기심, 질투, 부러움, 허영심 같은 것들도 복합적이지만 대개 감정이라고 보는 듯하다.

그렇다면 우리가 '어떠어떠했을 때의 느낌'이라는 의미로 '~감'이라고 부르는 것들, 예를 들어 실망감, 허무감, 모욕감 등도 모두 감정일까? 사랑이나 우정은? 혹자는 우정을 기본적인 인간 감정의 하나로 보고, 사랑을 그것의 한 특수한 종류로 보기도 한다. 또 애국심 같은 것을 감정의 일종으로 주장하는 이도 있다.

감정의 구성 요소들

길을 가다가 이빨을 드러내고 으르렁대는 송아지 크기의 도사견과 마주쳤다고 하자. 주변에 사람은 보이지 않고, 나는 개에 물렸던 트라우마도 있는 데다, 엊그제 맹견에 물렸다는 사람의 뉴스도 읽었다고 치자. 내가 느끼는 것이 공포임은 말할 것도 없다. 이러한 전형적인 공포를 구성하는 것은 무엇일까?

우선 당연히 '이 개는 위험하다, 나에게 해를 줄 수 있다'와 같은 생각 혹은 판단이다. 이것은 지적인 요소다. 신체적 신호도 있을 것이다. 사람에 따라 무서운 것 앞에서의 신체 변화가 다를 수 있지만 어찌되었건 심장이 빨리 뛴다거나 침이 마른다거나 땀이 난다거나 하는 신체의 동요가 있을 수 있다. 물론 이러한 신체의 변화를 스스로가 느낄 수도 있다. 쿵쾅거리는 심장 박동이 느껴지듯이 말이다. 이제 나는 낮게 그르렁거리며 공격 자세를 취하는 맹견 앞에서 '앗, 위험하다'는 판단과 함께 평소보다 빨리 요동치는 심장 박동을 느낀다. 이것이 다일까? 나는 공포를 느끼고 있는 것일까?

우리는 여기에 심장의 박동을 느끼는 것과는 또 다른 종류의 느낌이 관련되어 있음을 경험으로 알고 있다. 가슴이 철렁하는 느낌? 머리카락이 쭈뼛 서는 느낌? 머릿속이 하얘지는 느낌? 갑갑하고 옥죄는 느낌? 무어라 말로 표현하기는 어렵지만 어찌되었건 행복감이나 슬픔 등과는 다른, 그래서 '공포감'이라고 부를 수밖에 없는 어떤 느낌이 이 상황과 관련되어 있다. 이것을 공포의 '감각질qualia'이라고 부른다. 어쩌면 나만이 알 수 있는, 내 속에서 벌어지고 있는 공포의 현상적 느낌을 가리키는 것이다. 앞에서 우리가 '느낌feeling'이라는 별도의 용어를 통해 지칭하고자 했던 것이 바로 이것이다.

이러한 요소들이 모여 있는 것이 감정의 상태다. 그런데 이제 따지기 좋아하는 철학자들이 질문한다. 이 요소들 중 더 핵심적인 것은 무엇일까? 다시 말해 감정을 감정이게 하는 것은 이러저러하게 느껴지는(감각질이나 신체적 변화의 느낌) 무언가일까? 아니면 판단이나 믿음 같은 지적인 요소일까? 직관적인 답은 당연히 전자처럼 보인다.

느낌 이론과 그 비판

미국의 심리학자이자 철학인 윌리엄 제임스William James가 1884년에 발표한 논문에 "feeling theory of emotion"이라는 말이 등장한다. 맥락 없이 들으면 당황스러운 이 말을 이제 우리는 '감정에 관한 느낌 이론' 정도로 이해할 수 있다. 즉 감정 안에 들어 있는 느낌으로 감정을 설명하는 이론이라고 볼 수 있다. 그는 감정에서 느낌을 빼면 감정이라 부를 만한 것이 남아 있지 않다고 말한다.

그에게 감정이란 곧 자극을 유발하는 사실을 지각했을 때 즉각적으로 생기는 신체 변화에 대한 느낌을 말한다. "슬픔은 상실에 의해 곧장 유도되지 않는다. 사건의 지각과 감정 사이에 신체적 변화가 먼저 개입되어야 한다." 그러므로 그에 따르면 합리적인 설명은 슬퍼서 우는 것이 아니라 울기 때문에 슬픈 것이고, 무서워서 떠는 것이 아니라 떨기 때문에 무서운 것이다.

감정의 핵심이 '내게 느껴지는 특정한 느낌'이라는 생각은 매우 자연스럽다. 행복의 느낌인 행복감이 있고, 이와 구별되는 공포의 느낌인 공포감이 있으며, 슬퍼서 느껴지는 슬픔이 있다. 주어진 정서가 무엇인지 이해하는 유일한 방법은 느껴보는 것뿐이다. 누구라도 자신의 속을 들여다보면 이들이 어떻게 다른 느낌인지 이해할 수 있을 것이다. 그 느낌이란 앞서 말한 심장 박동이 빨라지는 느낌일 수도 있고, 가슴이 철렁하는 느낌일 수도 있다.

그러나 이 이론에는 몇 가지 문제가 있다. 첫 번째 문제는 느낌만으로 얼마나 다양한 감정들이 분류될 수 있는가이다. 위에서 언급한 기본적인 감각들인 슬픔, 기쁨, 분노, 공포 정도라면 느낌을 통해 이들을 서로 다른 감정으로 분류하는 것이 가능할지 모른다. 그러나 예를 들어 질투의 감정은 어떤가? 느낌의 측면에서 이 감정이 화가 나거나 짜증이 났을 때와 다르다고 할 수 있을까?

다른 예로 부러움이 질투와 다른 감정인 이유가, 부러움은 A라는 감각질로 느껴지고 질투는 이와 구별되는 B라는 감각질로 느껴지기에 그렇다고 설명하는 것이 과연 적절할까? 오히려 질투에는 그 감정의 대상에 대한 모종의 부정적인 판단이 개입되어 있는 반면, 부러움에는 그러한 개입이 없는 경우라고 설명하는 것이 더 그럴듯하지 않을까?

두 번째 문제로 만일 감정과 관련된 신체적 느낌의 상태가 화학적으로 촉발되었다고 해보자. 예를 들어 화가 났을 때와 똑같은 심장 박동, 체온 상승 등을 포함해 화가 날 때의 생리적 조건들이 모두 갖추어진 상태가 나에게 유발되었다고 해보자. 나는 화가 난 것일까? 아마도 아닐 것이다. 내가 화를 낼 만한 외부의 조건이 없다면 나 스스로도 나를 화가 난 상태라고 부르지는 않을 것이다. "화났을 때와 똑같은 느낌인데 도대체 뭐지?"라고 할 수는 있을지 모른다.

이렇듯 제대로 된 감정에는 우리의 내적 느낌의 상태뿐만 아니라 그것을 외부 상황과 연결하는 다리가 필요하다. 앞 장의 끝에서 소개한 대로 감정의 핵심은 느낌이 아니라 판단이나 믿음 같은 인지적 요소라고 생각하는 사람들을 인지주의자라고 한다. 이들은 바로 누군가 내게 잘못을 저질렀다는 믿음이 있어야 비로소 내 속에서 느껴지는 '화났을 때와 똑같은 느낌'이 화가 난 감정 상태로 규정된다고 주장한다. 즉 느낌만이 아니라 느낌에 대한 '해석'이 필요하다는 것이다.

감정에 대한 인지주의적 이해

느낌 이론의 한계는 감정의 특징에 대해 중요한 한 가지를 알려준다. 감정의 지향성, 즉 감정이 '무엇에 관한 것인가'라는 질문에 대한 답은 이중적이어야 한다는 것이다. 마음속에서 특정한 느낌으로 경험되는 것도 당연히 감정의 내용이다. 마치 빨간색이 빨간색으로 경험되는 것과 같다. 이것을 현상적 지향성이라고 한다.

하지만 동시에 그 느낌은 외부 세계를 향해 있다. 분노건 공포건 유발된 감정은 세계의 상황에 대한 우리의 반응이다. 우리가 감정에 대한 어휘들을 어떻게 배우는지 생각해보라. '세상이 이러저러할 때의 느낌'으로 배우지 않던가? 즉 상황에 주목하도록 하지, 우리 속을 들여다보는 것은 아닌 것 같다. 감정을 느낌으로만 보는 것은 감정의 이러한 두 번째 내용을 누락시키는 것이고, 따라서 감정의 기능적 측면을 잘 설명하지 못하는 이론이 된다.

인지주의는 느낌 이론의 이러한 문제를 해결할 수 있다. 물론 인지주의자들이 감정이 곧 믿음이라고 주장할 필요까지는 없을 것이다. 그저 감정의 상태가 신체 변화의 느낌이나 현상적 느낌 외에도, 실제든 상상이든 외부 세계의 어떤 존재나 상황에 대한 믿음 같은 인지적 요소를 필요로 한다는 것만으로도 전통적인 대립 구도, 즉 합리적 이성과 그것 밖에 놓여 있는 비합리적 감정이라는 식의 구분은 재고될 수 있다. 인지주의에 따를 때 우리의 감정은, 일단 그렇게 느껴지면 인정해야 하는 어쩔 수 없는 것이라기보다는 타당성이 평가되고 믿음이 변함에 따라 수정될 수 있는 것으로 이해된다.

하지만 너무 강한 형태의 인지주의를 취하면 명백한 난

점에 노출된다. 예를 들어 감정을 갖기 위해 그 상황을 어떤 명제로 표상해 판단하거나 믿어야 한다는 조건을 요구한다면 언어 능력이 없는 유아나 동물은 그러한 믿음을 가질 수 없으므로 감정을 갖지 못한다고 해야 할 것이다. 하지만 이는 상당히 논쟁적이다. 오랜만에 만난 주인을 보고 펄쩍펄쩍 뛰거나 먼 천둥소리에도 침대 밑으로 기어들어 가는 강아지의 행동을 보고 기쁨이나 두려움 같은 '심리' 상태를 부여하는 것에 큰 무리는 없어 보인다. 하지만 강아지는 언어 능력이 없으므로 명제적 판단을 내릴 수 없다는 이유로 이러한 심리 상태가 감정이 아니라고 해야 할까?

또한 인지주의는 믿음이 감정 발생의 충분조건이라는 주장을 하는 것도 아니다. 즉 위험하다는 믿음만으로 매번 공포가 엄습하는 것은 아니다. 예를 들어 번지 점프가 매우 위험하다는 믿음은 가지고 있지만 그것을 해볼 생각이나 의도가 전혀 없는 사람이라면 믿음이 있어도 감정이 생기지는 않을 것이다.

한편 인지주의를 불신하는 사람들은 '포비아', 즉 병적인 공포증을 반례의 가능성으로 지목한다. 하지만 비행 공포나 고소 공포 같은 것은 어쩌면 공포의 대상인 비행기나 높은 곳이 위험할 수도 있다는 판단을 스스로 부정하지 않을 테니 반례가 될 수 없다. 반례가 되려면 내가 위험하다는 믿음을 전혀 가지고 있지 않거나 오히려 그러한 믿음을 부정하는데도 밀려오는 공포 같은 상황이 있어야 한다.

예를 들어 감자는 내게 해를 끼칠 수 없다고 나 스스로 분명하게 믿으면서도 여전히 감자를 두려워하는 상태 같은 것이다. 이를 공포로 인정한다면 이는 믿음이 없어도 감정이 성립된 경우라고 볼 수 있다. 하지만 정말 그럴까? 인지주의자와 그 반대자는 여기서 다른 직관을 가질 수 있다. 반대자는 감자 공포는 공포이며 따라서 반례가 성립한다고 할 것이고, 인지주의자는 아무런 위험 요소가 없는데 밀려오는 그 느낌은 감정으로서의 공포가 아니며 따라서 감자 공포는 그저 이해할 수 없는 비합리적인 현상이라고 할 것이다.

어찌되었건 지금까지의 논의는 감정도 일정 부분 합리성을 가지고 있는 것으로 볼 수 있다는 것이다. 하지만 이 점을 인정한다면 이는 허구적 대상에 대한 우리의 감정 반응을 더욱 비합리적인 것으로 보이게 한다.

허구와 감정,
비합리성의 합리성

허구의 역설 구조

'래드퍼드 퍼즐'로 알려진 허구에 대한 감정 반응의 역설은 인지주의자를 곤혹스럽게 하는 것처럼 보인다. 논의의 효시가 된 1975년의 논문 「안나 카레니나의 운명에 어떻게 감동할 수 있지?」에서 콜린 래드퍼드Colin Radford가 제기한 역설의 구조는 이러하다.

1) 우리는 안나가 허구이며 존재하지 않는 인물이라는 믿음을 갖고 있다.

2) 우리는 안나에 대해 어떤 감정을 갖는다.

3) 존재하지 않는다고 믿는 대상에 대해 감정을 갖는 것은

불합리하다.

우리가 어떤 대상에 대해 연민의 감정을 느낀다고 하자. 그런데 그 대상이 존재하지 않는다는 것을 알게 되었다면 우리의 연민은 자연스럽게 사그라진다. 다시 말해 감정의 대상이 존재하지 않는다는 믿음을 갖게 되면, 없는 그 대상에 대해 지속적으로 감정을 품는다는 것은 불가능할 것이다. 혹여 가능하다 해도 이는 앞서 예로 들었던 감자 공포증이나 없는 좀비를 두려워하는 친구의 경우처럼 이해할 수 없는 비합리적 현상일 것이다.

그런데 이것이 바로 우리가 안나 카레니나에 대해 연민의 감정을 가질 때 벌어지는 일이 아닌가? 우리는 그녀가 허구 속의 인물이고 실재하지 않음을 아무 혼란 없이 믿고 있다. 그러나 동시에 우리가 그녀에 대해 감정을 품고 있다는 것도 부정할 수 없다. 그렇다면 결론은 3)과 같이, 소설을 읽고 그 허구적 주인공의 운명 때문에 울고 웃고 안타까워했던 경험이 있는 우리들 대부분은 그때마다 합리적 인간의 행태를 포기하는 것이 된다. 3)의 결론을 피할 수 있는 설명은 없을까?

답변의 시도, 어쩔 수 없는 비합리성

이에 대한 오래된 답변들 중 하나는 '불신의 유예' 혹은 '부재 믿음의 유보suspension of disbelief'라고 불리는 것으로, 이는 마치 제법 굳어진 전문 용어인 것처럼 행세하기도 한다. 우리는 소설을 읽는 동안만은 의지를 동원해 대상이 허구라는 믿음을 정지시키거나 유보해둔다는 것이다. 하지만 인식론적으로 보아 이는 매우 미심쩍은 주장이다. 믿음이 의지로 통제할 수 있는 게 아닐 수 있기 때문이다.

여기서 이야기하는 인식론적 의미의 믿음belief은 종교적 신념faith처럼 믿자고 작정해서 믿는 것을 말하는 것이 아니라, 어떤 명제가 사실이라는 것에 동의하는 상태를 가리키는 말이다. 더군다나 이러한 믿음의 대부분은 우리의 의식 표면에 올라와 있기보다는 일종의 성향적인 상태로 유지되다가 어떤 계기가 있을 때 드러난다. 예를 들어 본인이 현재 믿고 있는 명제를 써보라고 한다면 대부분의 사람은 단숨에 몇 백 개의 명제들을 써내려갈 수 있겠지만(나는 서울에 산다, 오늘은 화요일이다, 나는 점심에 비빔면을 만들어 먹었다, 탕수육은 '찍먹'이라야 한다 등) 이들을 모두 의식하고 있었던 것은 아니다.

이러한 믿음들이 내 속에 생겨나고 없어지는 것을 의지로 통제할 수는 없다. 내가 비빔면을 먹었고 그것을 선명하게 기억하고 있는 이상, 냉면을 먹은 것으로 믿자고 의지한다고 해서 '오늘 점심에 나는 냉면을 먹었다'라는 믿음이 생기지도 않을 테고, 내가 비빔면을 먹었다는 사실을 잠시 믿지 말아보자고 결심하더라도 그렇게 되지도 않는다. 조건이 맞으면 혹시 의식의 표면에서 사라질 수는 있겠지만 여전히 내가 가진 믿음의 목록에 포함되어 있는 것이다.

안나 카레니나는 실존하는 인물이 아니라는 나의 믿음도 마찬가지다. 그 명제가 참이라고 내가 동의하는 상태라면 소설을 읽거나 영화를 보는 동안 그 믿음을 자발적으로 잠시 유보하고 안나를 마치 실존 인물처럼, 다큐멘터리의 주인공처럼 대할 수는 없다. 그러한 이유로 우리의 감정이 비합리적인 것은 아니라는 설명은 타당해 보이지 않는다.

혹자는 우리가 마치 안나라는 허구적인 인물에 대해 감정을 갖는 것처럼 보이지만 사실은 그것이 무언가 다른 것, 감정을 품어도 비합리적으로 보이지 않는 어떤 것에 대한 감정일 수 있다고 함으로써 위의 역설 중 2)를 부정할 수 있을 것처럼 주장한다. 예를 들어 허진호 감독의 영화 〈천문〉은 대체로 허구이지만, 이에 대해 우리가 갖는 감정은 실제 인물 '세종'이나 '장영실'에 대한 것이어서 비합리적이지 않다는 것이다. 마찬가지로 한석규가 연기한 〈8월의 크리스마스〉의 '정원'에 대해 품는 안타까운 마음도 사실은 그 인물을 통해 연상되는 실재하는 인물(불치병에 걸려 시한부 인생을 사는 누군가)에 대해 느끼는 감정이기에 이상할 게 없다는 것이다.

우리가 영화나 소설을 보면서 나도 저랬는데 하는 식의 감정이입을 할 때가 얼마나 많은지를 생각해보면 이 제안이 마냥 황당한 것만은 아니다. 실연의 아픔을 다룬 영화를 보고 우는 것은 그 주인공이 안쓰러워서가 아니라 그와 비슷한 처지의 자신의 삶이 안타까워서다. "Sad movies always make me cry"라고 핑계는 대지만, 사실 내가 운 것은 '밝은 불이 켜지고 뉴스가 끝날 때' 영화관에서 실제로 본 것 때문이지 영화의 내용 때문이 아니다.

그러나 좀 더 생각해보면 이 해법도 어색하다. 내가 마침 '정원'처럼 불치병에 걸려 시한부 인생을 사는(혹은 살았던) 실재하는 누군가를 떠올릴 수 있었다고 치자. 하지만 그런 사람과 그런 식으로 사랑에 빠지는 실재하는 인물은 아무도 떠올릴 수 없었다면 심은하가 연기한 '다림'에 대한 나의 감정은 누구에 대한 것인가? 놀부가 제비 다리를 '작신' 분지르는 대목에서 태연히 길고양이들을 괴롭혔다던 신문 기사 속의 실제 인물을 연상했다 하더라도 놀부에 대한 나의 분노가 정말 그에게로 향한 것이란 말인가?

그럴 리가 없다. 영화를 보며 내가 가진 '짠한' 감정의 대상은 그 영화에 그려진 바대로의 '정원'과 '다림'이고, 나의 분노의 대상은 바로 그 이야기 속의 '놀부'라는 사실만큼은 부정하기 어려워 보인다.

2)를 부정하려는 또 하나의 입장은, 우리가 감동하는 것은 안나가 아니라 소설의 플롯이나 수사 같은 다른 예술적 장치들이라는 주장이다. 이 논리는 비극과 공포물의 역설을 해결하려 할 때도 활용되는 전략이다. 그러나 앞에서의 관찰이 사실이라면 여기에도 그대로 적용될 것이다. 즉 우리가 놀부가 제비 다리를 부러뜨리는 이야기에서 화가 나는 것은 놀부에 대해서이지 그 작품의 플롯에 대해서가 아니다. 영화 〈죠스〉는 긴장감을 고조시키는 음악을 아주 효과적으로 사용했지만 이 경우에도 역시 우리가 두려워하는 것이 이 배경 음악이라는 주장은 이상하다. 음악이 공포

감을 조성하는 예술적 장치인 것은 맞지만 두려움의 대상은 음악이나 플롯이 아닌 허구적으로 창조된 식인 상어라고 해야 할 것이다.

이러한 여러 답변의 가능성을 검토한 후 래드퍼드가 1975년 논문에서 잠정적으로 내린 결론은 내키지는 않지만 그냥 3)을 받아들일 수밖에 없다는 것이다. "우리는 비합리적인 경우가 있다." 하지만 그 정도의 비합리성은 우리의 삶에서 벌어지는 어쩔 수 없는 것으로 크게 부정적인 것은 아니라고 덧붙인다. 그는 우리 모두가 가진 죽음에 대한 두려움 같은 것도 어쩌면 그러한 어쩔 수 없는 비합리성의 사례일 수 있다고 한다. 죽음에 이르는 과정에 고통이 동반된다면 그 겪어야 할 고통을 두려워할 수는 있겠지만 죽음 자체는 그럴 이유가 없음에도 두려워한다는 것이다.

그보다는 훨씬 애교스러운 예를 생각해보자. 야구에서 큼지막한 홈런 타구를 파울 폴 근처로 친 타자는 공이 어떻게든 파울 폴 안쪽으로 넘어가 홈런이 되었으면 하는 희망을 자연스럽게 온몸으로 표출한다. 마치 날아가는 공을 유도하듯 안쪽으로 손짓을 한다거나 몸을 기울인다거나 아니면 "들어가라! 들어가라!"라며 공에게 주문을 걸기도 한다.

그런다고 휘어져 날아가던 공이 급선회해 홈런이 되거나, 펜스 앞에 떨어질 공이 분발해서 담장을 넘는 일은 절대 일어나지 않겠지만 우리는 어쩔 수 없이 그런 행동을 한다.

이러한 정도의 비합리성은 일상에서 얼마든지 용인된다. 허구의 인물에 대한 우리의 감정 반응도 이 정도의 비합리성으로 보면 될 것이라는 결론이다. 최근 아내가 혼자 TV 뉴스나 광고를 보면서 "정말?", "잘도 그렇겠다!"와 같은 대화식 반응을 보이곤 하는데, 이 역시 래드퍼드가 허락할 만한 비합리성일 것이다.

이후의 답변들

래드퍼드 퍼즐에 대해 보다 영향력 있는 답변 중에는 월턴의 것이 있다. 월턴은 1990년대 이래 '믿는 척하기make-believe' 이론으로 많은 미학적 논의를 활성화시켰다. 그는 우리의 허구 감상 관행이 마치 죽마를 타고 카우보이 놀이를 하거나 진흙으로 만든 빈대떡으로 소꿉놀이를 하는 것과 같은 '믿는 척하기' 게임에 참여하는 것과 유사하다고 보았다. 영화나 소설을 보면서 우리는 '누군가가 그러한 내용을 나에게 사실로 보고하고 있다'는 것을 믿는 척하는 게임에 자발적으로 참여하고 있다는 것이다.

따라서 그는 허구를 감상하는 동안 갖게 되는 감정은 그 허구를 소도구로 삼아 게임을 진행하는 중에 갖게 되는 '유사pseudo 감정'이지 진짜 감정은 아니라고 말한다. 이 해결책도 역시 위의 2)를 부정함으로써, 즉 안나에 대한 감정이 사실은 감정이 아니라 유사 감정이라고 함으로써 우리의 행태가 비합리적이라는 결론을 피해보려는 시도다.

이 '유사'라는 말은 오해를 불러일으키기 좋은 것이었다. 많은 사람이 허구를 보면서 느끼는 공포도 침이 마르고 손에 땀이 나며 괴물의 갑작스러운 등장에 비명을 지르고 눈을 감는 등 실제의 공포와 하나도 다를 것이 없다는 점을 지적했다. 이 정도라면 이는 '유사' 감정일 수 없다고 반론을 펼쳤다. 그러나 월턴의 분석은 개념적인 것이었다. 우리는 허구에 대한 감정 반응이 실제에 대한 감정 반응과 비교할 때 뭐가 달라도 다르지 않을까 생각한다. 월턴은 이에 대해 그것이 허구에서 왔다는 점이 다르다는 다소 허망한 답을 내놓았다. 즉 게임 중에 발생한 감정이라는 것이다.

이를 월턴 식으로 이해하자면, 나는 자발적으로 그 게임에 참여 중임을 알기에 비록 현상적인 느낌은 실제 공포와 유사하게 무언가를 느끼지만, 괴물을 피해 극장의 의자 밑으로 숨거나 주변 사람들에게 "달아나세요!"라고 소리치지는 않는다는 점이 결정적으로 다르다는 것이다. 현상적으로만 감정처럼 느껴질 뿐, 행동에 대한 동기부여인 현실에서의 감정이 담당하는 일을 하지 않는 게임 속의 감정은 우리의 감정 개념에 맞지 않기에 감정일 수는 없으며, 따라서 '유사 감정'이라고 불러야 한다는 것이다.

하지만 같은 현상을 월턴처럼 '유사 감정이 행동에 대한 동기부여를 하지 못하고 있는 현상'으로 파악하는 대신, '영화 속 괴물이 실제 공포를 불러일으켰으나 영화의 관습을 잘 알고 있는 우리가 그 공포가 행동을 유발하지 않도록 막고 있는 현상'으로 볼 수도 있으므로 월턴의 유사 감정 해결책은 논쟁의 여지가 있다. 더욱이 허구 속 괴물에 대해 왜 현상적으로 똑같은 느낌의 공포가 일어나는지가 궁금한 사람들에게 '왜?'에 대한 인과적인 답 대신, 그러한 느낌이 일어난다 해도 그것은 개념적으로 감정에 미달하는 것이라는 답은 정작 궁금한 부분은 놓치고 있는 게 아닌가 하는 불만을 야기할 수 있다.

캐럴도 래드퍼드 퍼즐에 대해 하나의 답을 제안하는데,

그는 감정을 구성하는 인지적 요소가 믿음만 있는 것이 아니라고 주장한다. 오히려 허구에 관한 우리의 감정적 반응을 이해하는 데 의미 있는 것은 믿음이 아니라 '생각'이라는 것이다. 마음속에서 단언된 명제가 참임을 받아들이는 상태가 믿음이라면, 생각이라고 불릴 수 있는 것에는 명제를 그저 머릿속에 떠올리는 것 정도도 포함된다.

우리는 어떤 명제를 이해하지만 그것이 단언하는 바를 받아들이는 것은 자제하는 상태에 놓이게 될 때도 있다. 명제적 내용을 상상하거나 가정할 때가 그러한 경우일 것이다. 따라서 우리는 미국의 정치 상황과 관련된 아무 명제를 믿지 않으면서도 '재선에 실패한 트럼프 대통령'을 '생각'해볼 수 있다. 캐럴은 허구가 하는 일이 바로 감상자들에게 '단언하기 전에, 이 명제들을 생각해보라'는 것일 뿐이라고 한다. 그리고 이때 단언되지 않은 마음속 명제인 '생각'이 감정을 불러일으키는 인지적 구성 요소의 역할을 한다는 것이다.

이러한 해법은 '생각만으로도 감정은 촉발된다'는, 어쩌면 우리 누구라도 동의하고 싶은 상식적인 주장을 하는 것에 불과할 수도 있다. 하지만 왜 그런가를 설명하는 문제는 차치하고서라도, 생각만으로 촉발되는 감정이란 것이 삶에서건 영화관에서건 합리적인가의 문제는 여전히 건드리지 못하고 있다. 그리고 이 해법은 어쩌면 래드퍼드에 의해 이미 고려되었다가 포기된 것과도 유사하다.

우리는 상상만으로도 어떤 감정이 촉발될 수 있다는 것을 안다. 다 큰 딸이 해외여행 중인 부모님을 생각하다가 그분들이 탄 비행기가 사고를 당하는 상상을 하고 공포와 슬픔에 몸을 떠는 일은 충분히 가능하다. 그 일은 아직 일어나지 않았고, 딸은 그 아주 작은 가능성이 혹시라도 실현될까 봐 두려워하는 것이니 비합리적일 것까지는 없다.

하지만 여행 계획 같은 건 전혀 없이 바로 옆 거실에서 편안히 쉬고 있는 부모에게 눈물이 그렁그렁해서는 "엄마 아빠가 여행하는 생각을 했어. 그런데 둘이 탄 비행기가 추락한 거야. 그 생각만으로도 슬퍼서 눈물이 나"라고 한다면 부모의 반응은 어떨까? "애야, 네가 우리 생각을 그렇게까지 해주니 고맙구나"라고 참을성 있게 응대해준 부모라도, 딸아이가 자기 방으로 돌아간 뒤 "여보, 쟤 어쩌죠?"라고 할 가능성이 크다. 이 딸의 행태가 비합리적인 것이다.

래드퍼드가 언급한 것처럼, 결혼해서 여섯 자녀를 두고

바쁘고 화목하게 잘 살고 있는 동생을 두고 "걔가 애가 하나도 없었다면 얼마나 외로웠겠어?"라고 안타까워하는 오빠는 또 어떤가? 문제는 이 의아스럽고 비합리적인 반응이 허구에 대한 우리의 감정 반응과 너무도 닮았다는 것이다. 즉 일상생활에서 생각과 상상만으로 감정을 불러일으킬 수 있다고 하더라도, 그것 자체가 실제 삶에서도 비합리적일 수 있는 한 허구에 대한 감정 반응이 비합리적이라는 결론을 바꾸는 데는 도움이 되지 못할 것 같다.

그러나 이러한 반론에도 불구하고 최근의 논의는 감정의 인지적 요소가 믿음이 아니라 생각이라는 주장을 기본 삼아 잘 다듬으면 래드퍼드 퍼즐을 풀어갈 수 있다는 희망을 표시한다. 여기에서 더 논의하기는 어렵지만, 감정을 '체화된 평가embodied appraisal'로 보는 제시 프린츠Jesse Prinz의 이론 같은 것이 '생각이 왜 감정을 불러일으키는가?'라는 궁금증에 대한 하나의 답으로 검토되기도 한다.

공포의 역설

호러의 철학

이제 4부의 출발이었던 공포물의 역설로 돌아가보자. 이는 우리가 왜 부정적 감정을 추구하는가에 대해 합리적 설명이 필요하다는 문제였다. 이 현상을 "슬픔이나 공포 같은 불쾌가 쾌를 주는 경우"라고 기술하기도 하는데, 만일 그렇다면 문제는 더욱 수수께끼처럼 보인다. 대체 어떻게 불쾌가 쾌를 줄 수 있을까?

캐럴이 학계의 시선을 끈 첫 번째 저서는 1990년에 출간된 『호러의 철학』이었다. 고전적 괴수 영화 〈킹콩〉을 쉰 번도 넘게 봤을 정도로 B급 영화광이기도 했던 그는 어린 시절 싸구려 공포 영화를 보는 데 너무 많은 시간을 낭비한다고 비난을 듣곤 했다. 그는 그렇게 보낸 시간이 낭비가 아니었다는 것을 보이기 위해 이 책을 썼다고 농담 삼아 말하기도 했다. 예술과 관계된 일상적 감정들에 관심이 많던 캐럴에게 공포물은 매우 매력적인 소재였다. 이 책에서 그는 비극의 효과와 그것을 위해 필요한 요소들을 분석한 아리스토텔레스를 모범으로 삼겠다면서, 공포물(자신이 'art-horror'로 명명한 것)의 정의와 전형적 플롯 등을 탐구했다.

우선 이러한 장르의 특징은 무엇인가? 호러를 다루는 문학 이론이나 정신분석학이 논의하는 내용에 비하면 캐럴의 접근 방식은 건조하다. 예를 들어 정신분석학자라면 공포물에 등장하는 괴물을 사회적 규범에 의해 '억압된 것이 다시 돌아오려는' 징후로 보거나, 작품 속 공포의 대상은 이미 우리 속에 있는 공포, 예를 들어 여성에 대한, 동성애자에 대한, 무산계급의 봉기에 대한 공포를 대변하는 것으로 읽어내려 할 수도 있다. 이들을 순치하거나 파괴해야 할 '비정상' 혹은 '타자'로 보는 우리의 시각을 논하기도 할 것이다. 이를테면 그들에게는 공포물 자체가 철학적인 것이다.

그러나 '호러로 철학하기'가 아니라 '호러의 철학'을 표방하는 캐럴은 호러 장르를 구성하는 몇 가지 조건들을 제시해 이를 정의하려는 것으로부터 시작한다. '~의 철학'과 '~가 철학'이라는 구분은 예술에 대해서도 가능한데, 영미 분석미학이 예술이라는 대상에 대한 궁금증을 대개 건조한 '예술의 철학'으로 표방하는 데 비해, 유럽 대륙 성향의 철학자들은 고흐나 벨라스케스나 프란시스 베이컨의 작품들이 가진 철학적 측면을 매력적인 방식의 '예술로 철학하기'를 통해 보여주기도 한다.

공포물을 이해하기 위해 캐럴이 주목하는 것이 공포물의 감정적 효과다. 그는 호러 장르를 괴물이 등장하는 허구적 서사로 정의한다. 이때의 괴물은 그 잠재적인 위협과 불순함으로 인해 감상자에게 공포감과 혐오감, 불안감이 복잡하게 뒤얽힌 감정적 반응(이 반응은 대개 괴물과 마주하는 작품의 중심인물이 드러내는 감정적 반응이기도 하다)을 끌어낼 수 있도록 디자인된 것이 그 특징이다.

여기서 불순하다는 것은 괴물이 일종의 '간종^{間種}, 범주적으로 모순되는 것, 형체가 없는 것'이라는 의미로, 그것이 어느 한 범주에 속하지 않는다는 뜻이다. 예를 들어 곤충 인간이라거나 인간처럼 지능적으로 행동하는 동식물 같은 것을 생각해볼 수 있다. 좀비나 유령, 되살아난 미라 같은 것은 죽은 것과 산 것이라는 범주 구별을 위반하는 것이고, 악령 들린 사람은 한 사람 속에 두 인격체가 들어 있기에 역시 범주적 위반으로 볼 수 있다. 이들은 공포뿐 아니라 혐오감을 일으키기에도 효과적인 존재다.

역설에 대한 설명

캐럴은 공포물의 역설에 대해 어떤 설명을 하고 있을까? 흄의 전통적인 답변을 먼저 고려해볼 필요가 있는데, 그 이유는 캐럴의 설명도 결국 이들의 통찰을 활용하는 것이기 때문이다. 흄은 이 문제에 대해 슬픔을 주는 대상(슬픔의 원천)과 쾌를 주는 대상이 다르기에 역설로 볼 필요가 없다는 입장을 취한다. 앞서 허구적 대상에 대한 감정이 사실은 작품의 다른 예술적 측면들에 관한 것이라는 설명과 유사하다. 예를 들어 슬픈 연설에서 쾌를 느낄 때 그 쾌는 탁월한 수사적 표현들이 사용된 데서 오는 것이라는 식이다.

비극의 경우는 플롯이 쾌를 주는 역할을 한다. 비극의 플롯은, 일단 시작되면 어떤 식으로 진행되어야 한다는 자체의 동력을 가진 것이라고 한다. 그 진행이 만족스럽다면 우리는 비극적인 내용에도 불구하고 거기에서 쾌를 느낄 수 있다는 것이 흄의 설명이다. 나아가 흄은 "실제 대상에서 오는 감정은 고통스럽더라도 예술에서 완화되면 즐겁다"는 주장도 덧붙인다. 그러나 사실 이 부분은 캐럴도 지적하고 있듯이 답변에 기여한다고 보기는 어렵다. 왜 그렇게 된다는 것인지가 바로 우리가 궁금한 부분이기 때문이다.

캐럴은 흄과 동시대에 살았던 여성 문필가 애나 바볼드Anna Laetitia Barbauld(결혼 전 Anna Aikin)가 의사이자 저술가였던 자신의 동생 존 아이킨John Aikin과 함께 쓴 것으로 알려진 『공포의 대상으로부터 유래하는 쾌에 관하여』라는 글도 인용하는데, 그들은 긴장감은 일단 시작되면 해소되어야 하기에 우리는 그 욕구의 달성을 위해 감정적인 불편함을 감내한다는 식으로 이 문제에 접근했다. 캐럴이 이들을 전적으로 수용하는 것은 아니지만 대개 서사에 의존하는 오늘날의 공포물에서 우리가 갖는 쾌는 바로 이 '서사'에서 오는 것이라는 입장을 취함으로써 기본적으로 이들의 통찰을 따른다.

캐럴은 전형적인 공포물 플롯 진행의 핵심은 '발견'이고 감상자를 끌어가는 힘은 호기심이라고 본다. 그에 따르면 우리의 문화적 표준이나 범주를 위반한 괴물의 등장과 그에 따라 진행되는 플롯은 일단 열리기만 하면 우리가 가진 '알고 싶은 욕구'를 발동시킨다는 것이다. 그렇기에 많은 공포물의 플롯이 괴물의 존재와 성격을 알아내는 데 시간을 들인다. 이를 뒷받침하는 사례들은 〈죠스〉에서부터 〈에일리언〉, 〈링〉에 이르기까지 셀 수 없이 많다.

캐럴은 그러한 의미에서 공포물은 형사물과 비슷하지만 다만 대상이 우리 지식의 범주 밖에 있다는 것이 다른 점이라고 말한다. 알려지진 않았지만 어찌되었건 자연적인 대상(형사물의 범죄자)에 대한 호기심은 자연적으로 불가능한 것(공포물의 괴물)에 대한 호기심과 다르다는 것이다. 결국 캐럴은 '공포물의 즐거움'이란 플롯을 통해 무언가를 발견하고 증명하고 확인하는 과정에서 오는 인지적 쾌라는 입장이다.

따라서 '공포를 어떻게 좋아할 수 있나?'와 같은 의문은 없다. 공포나 혐오감의 불쾌는 미지의 것을 발견하는 쾌에 부수적으로 따라오는 것이다. 이러한 답변 방식은 일반적으로 '재기술re-description' 전략이라고 부를 수 있다. 기존에 역설적인 상황이라고 서술한 것을 다른 방식, 즉 역설적이지 않은 방식으로 다시 서술하는 것이다.

캐럴에 대한 비판

캐럴에 따르면 결국 우리는 불쾌를 즐기는 것이 아니므로 모순도 역설도 없다. 불쾌로 규정지을 수 있는 공포는 괴물에서 오지만 쾌는 지적인 측면인 호기심의 충족에서 온다. 이러한 주장은 얼마나 타당한가?

캐럴 스스로가 예상하는 반론은 공포물 중에 서사가 없거나, 있더라도 발견의 서사가 아닌 게 존재할 수도 있다는 것이다. 이에 대해 캐럴이 준비한 답변은, 공포물에 서사가 없더라도 간종 괴물은 반드시 등장해야 하는데, 괴물은 그 자체가 양가적이어서 발견을 필요로 하는 흥미 있는 존재라는 것이다. 마치 우리가 기형적 인체에 어쩔 수 없는 호기심을 갖듯이, 플롯뿐 아니라 대상 자체에도 우리는 호기심을 가질 수 있다고 한다. 하지만 이러한 답변은 만족스럽지 못하다.

만일 범주를 위반하는 괴물이 등장하지 않는 공포물이 존재한다면 어떻게 될까? 거트는 발견의 플롯도 괴물도 등장하지 않는, 예를 들어 연쇄살인범이 등장하는 공포물을 캐럴이 어떻게 처리할지 의아해한다. 괴물의 의미를 은유적으로 확장해 연쇄살인범도 괴물과 같은 간종이라고 하기는 억지스럽다. 연쇄살인범은 단지 사악할 뿐 범주적인 위반의 경우가 아니며, 또한 괴물처럼 혐오의 대상도 아니기 때문이다.

거트는 다음과 같은 반론도 제기한다. 공포물의 플롯은 대부분 장르의 관습을 따르는 천편일률적인 것이다. 캐럴의 주장대로 호기심의 충족에서 쾌가 온다면, 과연 이 정도의 예측 가능한 플롯이 불쾌를 감수해도 좋을 만큼의 쾌를 준다고 할 수 있을까? 이것은 상당히 치명적인 반론이라고 생각된다.

마지막으로 다음과 같은 반론도 생각해볼 수 있다. 공포 영화를 보고 나온 관객이 영화가 별로 만족스럽지 못할 경우, 캐럴에 따르면 이 관객은 영화의 플롯 등 호기심 충족을 위해 작동하는 장치들이 부실했다고 평가하는 사람이어야 한다. 하지만 꼭 그럴까? 공포물 마니아라면 영화가 기대와 달리 아주 무섭지 않을 때, 바로 그 이유를 들어 불만족을 표시하지 않을까? 그렇다면 그들은 정말로 충분히 공포감을 주어야 비로소 만족한다는 것이니, 그들에게는 쾌가 공포가 아닌 다른 부분에서 왔다는 설명이 과연 잘 적용되는 것인지 의심해볼 수 있다.

전환 이론, 보상 이론, 통제 이론

부정적 감정을 주는 예술을 즐기는 역설적 현상에 대한 몇 가지 다른 해명들을 정리해보자. 대부분의 해명은 부정적 감정이 불쾌를 준다는 사실, 그리고 우리는 쾌를 주는 것이라야 즐길 수 있다는 사실을 암묵적으로 전제한다. 이러한 전제가 유지된다면 결국 해명의 방법은 불쾌가 쾌로 바뀐다거나(전환 이론) 쾌의 총량이 불쾌의 총량보다 커서 불쾌가 상쇄된다(보상 이론)는 구조를 가질 수밖에 없을 것이다.

하지만 예술에서 이러한 전환이 가능함을 주장했던 아리스토텔레스나 흄 같은 이론가들도 어떻게 그렇게 되는지에 대한 설명을 제공하지는 않았고, 이제 와서 시도해본다 해도 좋은 설명에 도달하기는 쉽지 않을 듯하다.

앞에서 본 캐럴의 주장은 대표적인 보상 이론인데 그 문제점은 보았던 바와 같다. 보상 이론으로 꼽힐 수 있는 또 다른 시도는 수전 피긴Susan Feagin의 '메타 반응' 이론이다. 피긴이 주목하는 것은 연민과 같은 감정으로, 이는 고통을 동반한 반응이지만 이 반응에 대한 나의 메타 반응은 쾌를 동반한 만족감을 준다는 것이다.

다시 말해 내가 불쌍한 처지에 놓인 누군가를 보고 연민이라는 고통의 감정으로 반응한다면, 그 반응은 고통이지만 내가 그러한 반응을 보일 수 있는 사람이라는 사실이 나에게 도덕적 만족감으로 다가오고, 이 보상이 기꺼이 고통을 감내하도록 한다는 주장이다. 예술로 이야기하자면 가슴 절절하도록 연민을 불러일으키는 비극 덕에 내가 그래도 사람답게 살고 있다는 위안을 느낀다는 것이다. 하지만 같은 식의 설명이 연민에 적용되는 것만큼 공포에도 적용될지는 의심스럽다.

부정적 감정을 즐기는 것이 별로 역설이 아니라고 생각하는 사람 중에는, 우리가 암벽 등반도 하고 롤러코스터도 타는 식으로 무서운 것을 즐긴다면 여기서 무엇이 역설이냐고 반문하기도 한다. 사람들은 그냥 때로 공포를 즐긴다는 것이다. 물론 캐럴 같은 인지주의자라면 '그냥' 그렇다는 것이 말이 안 되니 자신이 시도한 것과 같이 상황을 '말이 되게' 다시 기술해야 한다고 할 것이다. 롤러코스터의 경우도 캐럴은 아마 우리가 즐기는 것은 공포가 아닌 다른 무언가라고 주장하고 싶을 것이다.

캐럴이 아니더라도 과연 어떻게 무서움을 '그냥' 즐길 수 있는지 묻는 것은 정당한 질문 같다. 이에 대한 해명으로 한 그룹은 부정적 감정이라는 말을 다시 규정하려 한다. 그들은 감정이 부정적인 것은 감정의 대상이 불쾌해서이지 느낌 자체가 불쾌한 것이 아니라고 한다. 즉 괴물이나 높은 곳에서의 추락 같은 무서움의 대상은 불쾌하지만, 그리고 또 그러한 이유로 공포를 부정적 감정이라고 분류하긴 하지만, 공포의 느낌은 반드시 불쾌할 필요는 없으므로 어떤 맥락에서는 그 느낌을 즐길 수도 있을 것이라고 한다.

또 다른 그룹은 '통제^{control}'를 내세운다. 즉 암벽 등반이나 롤러코스터는 모두 우리가 통제할 수 있어서 고통이 어떤 선을 넘지 못하게 할 수 있다. 그렇다면 이러한 경우의 공포는 사실 '부정적 감정', 즉 피하고 싶은 감정이 아닐 수 있다는 것이다. 공포 영화나 스릴러 소설의 무서움도 당연히 통제하에 있는 것이므로 이 설명에 따르면 허구에서 느끼는 공포는 실제 공포와 달리 애초에 부정적 감정의 범주에 들지 않는 공포라고 할 수 있다.

공포물의 역설에 대한 해명은 여전히 진행 중인 논의이

므로 이들 중 어느 하나를 지금 최종 답으로 선택해야 할 이유는 없다. 진행 중인 모든 논의가 허구나 상상, 감정 같은 주제들, 아직은 알려진 것보다 알아야 할 게 더 많은 이 영역을 좀 더 잘 이해하게 도와줄 것이다. 또 그렇게 새로워진 이해는 앞서 논의한 보상 이론 등의 한계를 어떻게 극복할 수 있는지 대안적 방향을 알려줄 것이다.

그러한 대안 중 하나로 거론할 만한 것은 쾌를 전제로 한 접근을 아예 포기하는 것이다. 스머츠는 쾌가 아니더라도 다른 식으로 가치 있는 풍부한 경험에 참여함으로써 보상받을 수 있다면 부정적 감정을 불러일으키는 작품을 경험하는 것이 역설이 아니라는, 역시 어느 정도 상식적인 주장을 제안한다.

특히 풍부한 경험 이론은 공포물을 즐기는 우리의 행태를 해명하는 차원에서뿐만 아니라 '애초에 왜 우리는 부정적 감정이 예상되는 작품을 경험하려 하는가?'라는 동기적 차원의 질문에 대한 답이 될 수도 있어서 더 선호된다는 입장도 있다.

비극과 공포물의 역설에서 출발한 부정적 감정과 예술의 문제는 현대의 많은 예술이 '불편하게 하는 예술'이라는 점을 고려할 때, 예술 전반으로 확장해 적용할 수 있다. 또한 그에 대한 그럴듯한 설명이 '풍부한 경험' 이론이라면 이는 '예술로부터 무엇을 배울 수 있는가' 하는 예술의 인지적 가치 성격에 대한 논의로 이어질 수 있다. 이를 위해서는 예술이 주는 지식의 성격에 대한 고찰이 필요할 것이다.

이 글에서 언급된 '허구'란 정확히 무
엇을 뜻하는가?

허구는 영어로 'fiction'이다. 이는 그저 사실이 아
닌 것을 지칭하는 일반 명사이기도 하지만 더 구
체적으로는 '허구적인 이야기', '지어낸 이야기'
로서의 픽션을 지칭하기도 한다. 사실을 허구적
장치 없이 그대로 기록해 전달하는 르포나 다큐
멘터리를 '픽션이 아니다'라는 의미로 '논픽션'이
라고 부르는데, 바로 그것에 대비되는 것으로서
의 픽션을 말한다. 이에 해당하는 자연스러운 우

리말은 '허구'가 아닐지도 모른다. 우리는 허구를 하나의 예술 장르를 지칭하는 것으로 쓰지는 않기 때문이다.

그러한 측면에서 굳이 찾자면 '소설'이다. 최근 법무부 장관이 국회에서 "소설을 쓰시네"라며 전달하고 싶었던 의미가 바로 그것이었을 것이다. 장관은 그 말로 단순히 상대방의 말이 사실이 아니라는 것을 지적하는 것 이상, 혹은 단순 '거짓말'보다는 약간 다른 것을 지칭하고 싶었던 것 아닐까 싶다. 그러나 픽션이 곧 소설만을 가리키는 것은 아니다. 예컨대 영화도 다큐멘터리가 아니라면 모두 픽션이고 허구다. '사이언스 픽션(SF)'을 공상과학 소설이라고 부르지만, 'SF 영화'는 소설이라는 언급 없이 그냥 '공상과학 영화'라고 한다.

따라서 여기서 '허구'라는 말은 예술 장르로서의 허구를 말한다. '호그와트'의 '해리 포터'나 '중간계'의 '호빗' 같이 상상력이 동원되어 만들어진 서사 구조와 재현적 내용이 모두 허구다. 우

리에게 친숙한 예술은 모두 장르로서 허구라고 볼
수 있다. 그렇다고 허구가 허무맹랑한 이야기만
은 아니다.

아리스토텔레스는 장르로서의 허구(그에게는 비
극)란 "일어났던 일은 아니더라도 있을 법한 일"
을 다루는 것이 그 특징이라고 보았다. 그러므로
비극이 비록 꾸며낸 이야기이긴 하지만 '보편적
인 것'을 찾아내는 데 기여하는 가치를 가지고 있
고, 그 점에서 '있었던 일을 그대로 기록할 수밖
에 없는 역사'보다 더 중요하다고 했다. 이러한
의미에서 상상력이 개입된 허구란 결국 예술의 핵
심을 지칭하는 것이다.

예술의 인지적 가치란 무엇인가?

인지적 가치란 작품을 감상한 결과로 무언가를
새로 알거나 배우거나 깨닫게 됨으로써 얻는 가
치를 말한다.

예술의 독립성과 자율성을 지지하는 입장에서는 예술이 지식을 전하는 수단이 되는 것을 경계해 이러한 인지적 가치가 예술 고유의 가치가 되는 것을 거부하는 경향이 있다. 물론 인지적 가치의 표준을 명제적 지식으로 본다면, 즉 작품을 감상한 결과로 어떤 명제를 사실로 믿어야 지식을 얻는 것으로 간주한다면 이러한 거부는 어느 정도 정당화될 수 있다. 소설 『남한산성』이 병자호란의 역사적 사실들에 관한 지식을 주고, 영화 〈인터스텔라〉가 천체물리에 관한 과학적 지식을 준다 해도 그것이 작품의 예술로서의 가치는 아닐 것이기 때문이다.

　　그러나 예술의 감상은 많은 경우 명제로 환원되기 힘든 '비명제적 지식'을 준다고 주장할 수 있다. 무언가를 어떻게 하는지에 대한 지식know-how, 어떤 처지에 놓인다는 것이 어떤 느낌인지에 대한 지식 등은 체험을 통해 얻을 수 있는 비명제적 지식이다. 이렇게 해서 알게 된 것을 명제로 일일이 서술한다 해도 그것들 안에 다 담기지 않는 어떤 깨달음이나 통찰이 여전히 남아 있는 그러한 종류의 앎이라는 것이다.

물론 지금까지의 과학 문명을 이끌어온 명제적 지식과 구별되는 비명제적 지식의 존재가 정당하게 주장될 수 있다는 것과 그것이 예술의 체험을 통해 얻어질 수 있다는 것은 별개의 문제다. 그렇더라도 예술이 예술적 가치로서의 인지적 가치를 전혀 가질 수 없다는 입장이 아니라면, 그리고 예술의 인지적 가치란 어떤 명제를 믿게 하는 데 달린 게 아닐 수도 있다고 생각한다면, 비명제적 지식은 예술로부터 얻는 지식과 풍부한 경험을 설명하기 위한 매력 있는 후보자다.

미와 예술을 조망하는 감성의 철학

미와 예술은 일견 서로 밀접한 관계가 있는 것 같기도 하지만 분명히 별개의 주제다. 왜 미학이라는 하나의 학문이 이 두 주제를 다루게 되었을까? 여러 사연이 있지만, 우리 안에 있는 미를 판단하는 능력과 예술을 창조하고 감상하는 능력이 같은 것일지도 모른다는 생각이 중요한 역할을 했다. 그 능력으로 지목된 것이 감성이다.

　감성이란 지성(이성, 합리성)이라 부를 수 있는 것 이외의 영역을 포괄한다. 전통적으로 인간을 인간답게 만드는 것으로 간주되어온 것은 우리가 가진 합리성이었고, 이는 오늘날이라고 해서 달리 생각될 것은 아니다. 하지만 동시에 이성 바깥의 인간 능력에 대한 궁금증과 기대가 그 어느 때보다 증폭되고 있는 것 또한 오늘날의 모습이다. 규정하기에 따라 오히려 '인간답다'의 표준이 옮겨가고 있다는 인상도 받는다. 고상한 축으로는 상상력, 비지성적 직관과 통찰, 기발한 창의성 같은 것을 거느리고 있는 것이 감성이지만 그 속에는 감정, 욕구, 충동, 본능 등으로 불리는 조금 더 걸쭉한 것들도 있다. 인간의 '아래쪽 한계'와 접하고 있는 것들이다.

아직 뭔지 잘 모르는 것들을 마주해 이름을 붙이고 범주를 정해 사유의 집을 지어보는 것이 철학이 하는 일이니, 아직은 미지의 영역이 더 많은 감성 역시 철학의 연구 대상이다. 자신의 원천을 감성에 두고 있다고 믿는 예술도 현대로 올수록 이러한 인간의 아래쪽 한계를 자주 건드린다. 성적인 욕망, 뒤틀린 유머, 공포와 연민 같은 감정. 그래서 이러한 부분에도 지적 조망이 이루어져야 하지 않느냐고 한다면, 나서서 그것을 맡을 학문은 미학일 것이다. 따라서 미와 예술의 철학인 미학은 또한 감성의 철학이기도 하다. 그리고 그것은 비합리적인 것을 최대한 합리적으로 생각해보는 일이라고 할 수 있다.

이 책 역시 그러한 시도의 하나로 읽어주면 고맙겠다.

참고문헌

Ⅰ부 위작, 가짜는 가라! 그런데 왜? – 위작이 던지는 철학적 질문들

1. Ⅰ부의 많은 부분이 새 글이지만 논의의 근간이 된 것은 2009년 계명대학교
    에서 발행하는 철학 학술지 『목요철학』 5호에 실린 「위작(僞作)의 예술철학
    적 문제들」이라는 논문이다. 넷째 장 마지막 부분에 녹음에 대한 간략한 언
    급이 있는데, 관심 있는 독자는 서울대학교 인문대학 예술문화연구소에서
    출간한 『예술문화연구』 11(2001)에 실린 나의 논문 「예술로서의 녹음의 존
    재론적 지위에 관하여」를 참조할 수 있다.

2. '미적인 것'의 개념을 비롯해 Ⅰ부를 설명하는 내용의 미학적 배경 지식을
    얻으려면 미학 입문 성격의 도서들을 참조하면 되는데, 가장 최근 것으로
    는 오종환의 『교양인을 위한 분석미학의 이해』(세창출판사, 2020)가 있다.
    2006년 서울대학교 출판부에서 나온 『미학대계』(총3권)나 2018년 북코리
    아에서 나온 『미학의 모든 것』은 체계적인 주제별 미학 입문을 제공한다. 특
    히 『미학의 모든 것』은 이 책에서 자주 언급된 제럴드 레빈슨 교수가 편집한
    『Oxford Handbook of Aesthetics』의 신뢰할 만한 번역본으로 다수의 영미
    권의 현역 미학자들의 글을 통해 분석미학의 다양한 주제와 현황을 살펴볼
    수 있다.

3. 잠시 등장하는 칸트 미학에 대해서는 박배형이 번역한 크리스티안 벤첼 (Christian Wenzel)의 『칸트 미학』(그린비, 2012)과 박정훈의 『미와 판단』(세창출판사, 2017)을 보길 바란다.

4. 위조에 관한 예술철학적 논의들을 모은 논문집이 있는데, 더튼이 편집한 『The Forger's Art』(University of California Press, 1983)이다. 더튼은 2010년 암으로 별세하기 전까지 뉴질랜드 크라이스트처치에 있는 캔터베리대학교에서 오랫동안 교수 생활을 했던 예술철학자다. 이 논문집에 실린 글들로 내가 참조한 것은 비어즐리의 "Notes on Forgery", 더튼의 "Artistic Crime", 레싱의 "What Is Wrong with a Forgery?", 그리고 웨르네스 (Hope Werness)의 "Han van Meegeren fecit"다. 마지막 논문은 판 메이헤런 위작 사건을 세밀하게 설명해주는 미술사학자의 글이다.

5. 굿맨은 펜실베이니아대학교와 하버드대학교에서 학생들을 가르치면서 예술철학 외에도 분석철학적 논의 전반에 큰 발자취를 남긴 학자다. 1998년 92세로 타계했다. 여기에서 소개한 그의 이론은 그의 대표적 예술철학 저서인 『Languages of Art』(Oxford University Press, 1969)에 나오는 내용이다.

6. 단토는 2013년 작고하기 전까지 오랫동안 컬럼비아대학교에 재직하면서 철학자로서뿐 아니라 미술평론가로서도 명성을 얻은 학자다. 여기서 다룬 내용의 출전은 『The Transfiguration of the Commonplace』(Harvard University Press, 1981)이다.

2부 포르노그래피, 예술이 될 수는 없나? – 도덕적 논쟁과 미학적 논쟁

1. 2부의 내용은 포르노그래피에 관해 그동안 썼던 세 편의 논문을 근거로 한다. 『미학』 33(한국미학회, 2002)에 실린 「포르노그라피와 재현의 문제」, 『미학대계』 제3권(서울대출판부, 2006)에 실린 「포르노그래피 논쟁」, 『미학』 83(한국미학회, 2017)에 실린 「'포르노그래픽 아트'의 가능성에 대한 비판」이다. 세 번째 글은 다소 변형되어 『미학이 재현을 논하다』(서울대출판부, 2019)에도 실렸다. 셋째와 넷째 장의 내용을 구성하는 것이 이 논문이다.

2. 국내 논의로는 『철학사상』 23(서울대학교 철학사상연구소, 2006)에 실린 주동률의 「포르노그래피, 자유주의, 페미니즘」을 참조했다.

3. 네이글은 심신 문제와 관련해 잘 알려진 논문 「박쥐가 된다는 것은 무엇인가?(What Is It Like to Be a Bat?)」의 저자이기도 하다. 2016년 은퇴할 때까지 뉴욕대학교 교수였다. "Sexual Perversion"이 실려 있는 논문집은 '심각한 질문들'이라는 의미의 『Mortal Questions』(Cambridge University Press, 1979)이다. 이 책은 30여 년이 지난 2012년에도 15쇄가 출간될 만큼 지속적인 인기를 누리고 있다.

4. 2부 첫째와 둘째 장의 내용과 3부 둘째 장의 내용을 위해 참조한 논문집은 『Pornography and Censorship』(Prometheus Books, 1983)과 『Pornography: Private Right or Public Menace?』(Prometheus Books, 1998)다. 윌리엄스의 논문 "Offensiveness, Pornography, and Art"는 앞의 것에, 스탠퍼드대학교 교수 론지노의 논문 "Pornography, Oppression, and Freedom: A Closer Look"은 뒤의 것에 실려 있다. 본문에 자세히 언급하지는 않았지만, 완전한 성평등 사회가 오기 전까지는 여성에게 무해한 포르노그래피는 없다는 것은 앞의 논문집에 실린 앤 게리(Ann Garry)의 "Pornography and Respect for Women"의 주장이다. 또한 나는 간략히 다뤘지만 론지노와 여성주의자들의 포르노그래피 비판에 대한 재반박에 대해 더 읽고 싶으면 뒤의 논문집에서 앨런 소블(Alan Soble), "Defamation and the Endorsement of Degradation"을 참조.

5. 매키넌의 저서는 『Only Words』(Harper Collins, 1995), 번역본은 신은철이 옮긴 『포르노에 도전한다』(개마고원, 1997).

6. '포르노그래픽 아트'를 지지하는 입장으로 내가 참조한 두 논문은 키이란의 "Pornographic Art", Philosophy and Literature 25(JHU Press, 2001)와 마스의 "Who Says Pornography Can't Be Art?"(2012)다. 키이란은 영국 리즈대학교, 마스는 영국 켄트대학교에 재직 중이다. 마스의 논문이 실려 있는 논문집은 마스와 레빈슨이 편집한 『Art and Pornography』(Oxford University Press, 2012)인데, 이 논문집의 거의 모든 논문을 참조했다.

7. 레빈슨은 최근 메릴랜드대학교에서 은퇴했다. 포르노그래피와 에로틱 아트의 구별에 대해서 그의 논문 "Erotic Art and Pornographic Picture", Philosophy and Literature 29(2005) 참조. 같은 주제에 대한 영국 미학자 로저 스크러턴의 견해는 "Flesh from the Butcher: How to Distinguish Eroticism from Pornography", Times Literary Supplement(News UK, 2005) 참조.

8. 누드화에 관한 존 버거의 견해는 『Ways of Seeing』(BBC and Penguin Books, 1972) 참조. 이는 영국 BBC 예술 다큐멘터리의 내용을 책으로 만든 것이다.

9. 작품에 대한 미적 속성의 평가가 범주 상대적임을 주장한 월턴의 논문은 "Categories of Art", Philosophical Review 79(Duke University Press, 1970), '예술적인 것'이란 해석적인 경험이라는 캐럴의 주장은 "Art and Interaction", The Journal of Aesthetic and Art Criticism 45(Wiley-Blackwell, 1986)에서 볼 수 있다.

10. 'Q/A 묻고 답하기'에 등장하는 미국 노터데임대학교 교수 레이의 논문은 "What Is Pornography?"로 『Noûs』 35(Wiley-Blackwell, 2001)에 수록되었다.

3부 나쁜 농담, 이따위에 웃는 나도 쓰레기? – 유머로 보는 예술의 도덕적 가치

1. 3부의 내용은 2014년 논문 「농담, 유머, 웃음: '유머의 윤리'를 중심으로」, 『미학』 77에서 온 것이다. 예술작품의 도덕적 평가와 관련된 둘째 장은 「작품의 도덕성과 도덕적 가치: 거트의 윤리주의 비판」, 『인문논총』 69(서울대학교 인문학연구원, 2013)의 일부를 활용했다. 둘째 장 말미의 포르노그래피의 관점에 관한 문제 제기는 2부에서 언급한 "포르노그래피와 재현의 문제"에서 온 것이다.

2. 상대적으로 덜 주목받았던 농담이나 유머에 주목했던 두 철학자는 테드 코헨과 존 모리얼이다. 칸트 미학 연구자였던 코헨은 생전에 시카고대학교의 교수였고 미국미학회 회장에 이어 미국철학회 회장도 역임한 덕망 있는 학자였다. 모리얼은 버지니아 주 윌리엄앤드메리대학교를 은퇴했는데,

International Society for Humor Studies의 창립을 주도하기도 했다. 참조한 코헨의 글은 『Pleasure, Preference and Value』(Cambridge University Press, 1983)에 실린 "Jokes"와 저서 『Jokes: Philosophical Thoughts on Joking Matters』(The University of Chicago Press, 1999)인데 『농담 따먹기에 대한 철학적 고찰』(이소출판사, 2001)이라는 제목으로 강현석이 번역해 국내에 출간된 바 있다. 모리얼의 편저로는 『The Philosophy of Laughter and Humor』(SUNY Press, 1987)가 있고, 저서로는 『Taking Laughter Seriously』(SUNY Press, 1983)와 『Comic Relief: A Comprehensive Philosophy of Humor』(Wiley-Blackwell, 2009)가 있다.

3. I부에서 언급한 『미학의 모든 것』에서 "유머" 항목을 집필한 학자는 캐럴이다. 그의 "On Joke", Midwest Studies in Philosophy 16(Philosophy Documentation Center, 1991)도 참조했다. 또 다른 주제별 영미 미학 입문서인 『The Routledge Companion to Aesthetics』(3판, Routledge, 2013)에 실린 "Humor" 항목은 코헨의 글이고 『Routledge Encyclopedia of Philosophy』(Routledge, 1998)의 "Humour"는 레빈슨이 집필했다.

4. 둘째 장 논의를 구성하는 데 주축이 된 해럴드의 논문은 "On Judging the Moral Value of Narrative Artworks", The Journal of Aesthetic and Art Criticism 64(Wiley-Blackwell, 2006).

5. 메이플소프에 대한 단토의 평론은 『Playing with the Edge』(University of California Press, 1996).

6. 둘째 장 마지막 부분 포르노그래피의 재현과 관점에 대한 논의는 I부에서 언급한 굿맨의 『Languages of Art』와 2부에서 언급한 논문집 『Pornography: Private Right or Public Menace?』에 실려 있는 시오도어 그래칙(Theodore Gracyk)의 논문 "Pornography as Representation: Aesthetic Considerations" 참조.

7. 거트의 농담에 대한 윤리주의는 "Just Joking: The Ethics and Aesthetics of Humor", Philosophy and Literature 22(1998)와 그의 저서 『Art, Emotion and Ethic』(Oxford University Press, 2007) 참조. 거트는 영국 세

인트앤드류대학교 교수이고 2018년까지 영국미학회 회장이었다.

8. 윤리주의를 비판하고 비도덕주의를 옹호하는 제이콥슨의 논문은 "In Praise of Immoral Art," Philosophical Topics 25(University of Arkansas Press, 1997)와 그가 담스와 함께 쓴 "The Moralistic Fallacy: On the 'Appropriateness' of Emotion", Philosophy and Phenomenological Research 61(Wiley-Blackwell, 2000)이 있다. 비도덕주의에 대해 잘 정리하고 비판한 국내 문헌으로는 송문영의 서울대 미학과 석사학위 논문 「예술작품의 도덕적 가치와 예술적 가치의 관계: 비도덕주의를 중심으로」(2012) 참조. 이 주제에 관한 발전된 연구 결과는 『The Journal of Aesthetic and Art Criticism 76』(2018)에 실린 같은 저자의 "The Nature of the Interaction between Moral and Artistic Value" 참조.

9. 스테커는 미국 센트럴미시건대학교 교수이고, 본문에서의 인용은 "The Interaction of Ethical and Aesthetic Value", British Journal of Aesthetics 45(Oxford University Press, 2005)로 부터다. 드 소사는 캐나다 토론토대학교의 원로 철학자이고, 태도 승인 논변을 위해 참고한 글은 그의 저서 『The Rationality of Emotion』(MIT Press, 1987)의 11장이다. 2017년 타계한 미국 미학계의 원로 학자 키비는 주로 음악미학 분야에서 탁월했다. 농담에 관한 그의 논문은 "Jokes Are a Laughing Matter", The Journal of Aesthetic and Art Criticism 61(2003). 스머츠는 최근 다양한 논의 영역에서 활발히 활동하는 위스콘신대학교 출신의 소장 미학자다. 여기서 참고한 논문은 "Do Moral Flaws Enhance Amusement?", American Philosophical Quarterly 46(University of Illinois Press, 2009)과 "The Ethics of Humor: Can Your Sense of Humor be Wrong?", Ethical Theory and Moral Practice 13(Springer Science+Business Media, 2010)이다.

4부 공포 영화, 무서운 걸 왜 즐기지? - 허구와 감정을 다루는 미학

1. 4부 내용 중 일부는 필자의 책 『노엘 캐럴』(커뮤니케이션북스, 2017)의 6장과 7장을 활용했다.

2. 앞선 1~3부와 비교할 때 4부에서 다루는 주제는 국내 연구자들의 글이 다수 있다. 심화된 논의를 알고 싶은 분들은 다음의 글들을 참고하면 좋겠다. 임일환, 「감정과 정서의 이해」, 『감성의 철학』(민음사, 1996), 오종환, 「허구에 의해 환기되는 감정의 합리성 문제」, 『인문논총』 47 (2002), 김세화, 「허구에 대한 감정과 래드포드의 퍼즐」, 『철학연구』 57(대한철학회, 2002), 김한승, 「감정에 관한 또 하나의 퍼즐」, 『미학』 34(2003), 김세화, 「감정에 대한 인지주의와 그에 대한 수정」, 『철학』 84(2005), 조선우, 「허구에 대한 감정 반응 설명 모델로서의 시뮬레이션 이론 고찰」 서울대 미학과 석사학위 논문(2006), 최근홍, 「허구에 대한 감정적 반응 연구」 서울대학교 미학과 석사학위 논문(2010), 최근홍, 「래드포드의 퍼즐과 비인지주의 감정이론의 전망」, 『인문논총』 75권 1호(2018). 부정적 감정의 역설과 관련된 논의로는 최도빈, 「'비극의 역설'에 대한 고찰: 흄에서 현대까지의 논의들」, 『미학』 59(2009), 조선우, 「예술 속 재현과 부정적 감정의 문제」, 『미학』 83권 4호 (2017), 최근홍, 「독특한 현상으로서의 비극의 역설: 인과적 접근과 동기 접근」, 『미학』 84권 2호(2018).

3. 예술과 감정에 관한 논의를 심화시킬 수 있는 단행본으로 제니퍼 로빈슨 (Jenefer Robinson)의 『Deeper Than Reason』(Oxford University Press, 2005) 을 조선우가 옮긴 번역본 『감정, 이성보다 깊은』(북코리아, 2015)이 있다.

4. 제임스의 논문은 "What is an Emotion", Mind 9(Oxford University Press, 1884), 래드퍼드의 논문은 "How can we be moved by the fate of Anna Karenina?", Proceedings of the Aristotelian Society Supplimentary Volumns(Oxford University Press, 1975). 래드퍼드는 영국 미학자로 켄트대학교에 재직했었다.

5. 미시간대학교 교수인 월턴의 책은 『Mimesis as Make-Believe』(Harvard University Press, 1990)다. 한국어 번역본은 양민정이 옮긴 『미메시스: 믿는 체 하기로서의 예술』(북코리아, 2019).

6. 감정에 대한 프린츠의 이론을 더 알고 싶으면 1에서 언급한 최근홍의 2010년 논문 참조. 프린츠의 저서는 『Gut Reactions: A Perceptual Theory of Emotion』(Oxford University Press, 2004).

7. 공포물에 관한 캐럴의 저서는 『The Philosophy of Horror』(Routledge, 1990). 캐럴은 위스콘신대학교와 템플대학교를 거쳐 지금은 뉴욕시립대학교 석좌교수로 있다.

8. 캐럴에 대한 반론을 포함해 공포물의 역설을 다루는 거트의 논문은 "The Paradox of Horror", British Journal of Aesthetics 33(1993), 템플대학교 교수였던 피긴의 메타 반응에 관한 논문은 "The Pleasure of Tragedy", American Philosophical Quarterly 20(1983). 풍부한 경험을 언급하는 스머츠의 글은 "Art and Negative Affect", Philosophical Compass 4/1(Wiley-Blackwell, 2009). 풍부한 경험을 동기적으로 해석하자는 것은 위에 적은 최근홍의 2018년 논문에서의 제안이다.

KI신서 9412

불온한 것들의 미학

1판 1쇄 발행 2020년 10월 28일
1판 7쇄 발행 2024년 11월 13일

지은이 이해완
펴낸이 김영곤
펴낸곳 ㈜북이십일 21세기북스

서가명강팀장 강지은 **서가명강팀** 강효원 서윤아
디자인 THIS-COVER
출판마케팅팀 한충희 남정한 나은경 최명열 한경화
영업팀 변유경 김영남 강경남 황성진 김도연 권채영 전연우 최유성
제작팀 이영민 권경민

출판등록 2000년 5월 6일 제406-2003-061호
주소 (10881) 경기도 파주시 회동길 201 (문발동)
대표전화 031-955-2100 **팩스** 031-955-2151 **이메일** book21@book21.co.kr

(주)북이십일 경계를 허무는 콘텐츠 리더

21세기북스 채널에서 도서 정보와 다양한 영상자료, 이벤트를 만나세요!
페이스북 facebook.com/jiinpill21   포스트 post.naver.com/21c_editors
인스타그램 instagram.com/jiinpill21   홈페이지 www.book21.com
유튜브 youtube.com/book21pub
서울대 가지 않아도 들을 수 있는 명강의! 〈서가명강〉
유튜브, 네이버, 팟캐스트에서 '서가명강'을 검색해보세요!

ⓒ 이해완, 2020

ISBN 978-89-509-9254-5 04300
        978-89-509-7942-3 (세트)

이 책의 출간은 서울대학교 인문대학 인문학 '교양총서 출간' 지원사업의 지원을 받았습니다.